중독 치유와 새 삶을 위한 몸 중심 심리요법

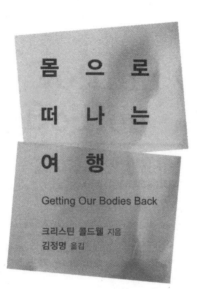

몸으로 떠나는 여행

Getting Our Bodies Back

크리스틴 콜드웰 지음
김정명 옮김

한울

Getting Our Bodies Back

Recovery, Healing, and
Transformation through
Body-Centered Psychotherapy

Christine Caldwell

Foreword by Gay and Kathlyn Hendricks

Shambahala   Boston & London   1996

이 책을

나의 부모님
짐 콜드웰과 루실라 콜드웰

나의 선생님
알레그라 풀러 스나이더,
주디스 애스턴,
틱낫한

나의 친구들
소피 다본,
게이 헨드릭스와 캐슬린 헨드릭스,
데이비드 실버,
제인 새터,
잭 해거티에게

드립니다.

중독은 어떻게 발생하고 어떤 경로를 통해서 벗어날 수 있을까? 2006년 불법 카지노 문제가 터지면서 중독이 우리 사회의 큰 이슈로 떠올랐던 기억이 있다. 당시에는 도박 중독이 이슈였지만 이어 중독의 대명사 격인 알코올과 마약을 비롯하여 우리 사회의 갖가지 중독현상에 대해 문제가 제기되었다. 그러나 각종 중독의 근본적인 원인에 대해서는 밝혀지지 않은 채 그 심각한 실태와 대증적 대처 방안만 매스컴을 통해 한동안 회자되었다.

이 책은 중독의 근본적인 원인이 몸을 떠나는 데 있다고 말한다. 중독에 빠지는 단계적 과정이 놀라울 만큼 정확하게 묘사되어 있으며 중독에서 빠져나오는 단계적인 과정도 적절한 수련법과 함께 제시되어 있다. 이 책의 저자는 전문 심리치료사로서 몸에 대한 과학적 지식을 갖추고 있다. 그러나 무엇보다 저자 자신의 중독에 대한 직접경험과 수많은 치료경험에서 얻은 임상 데이터가 뒷받침되지 않았다면 이런 책이 나오는 것은 불가능했을 것이다.

몸을 떠난다고 함은 '지금 여기'라는 현재성을 벗어나는 심리적 현상이다. 몸 밖의 상처가 흉터로 남듯이 몸의 내면에도 정리되지 않은 상처(trauma)가 남기 때문에 우리는 몸을 떠나는 방식으로 자기 방어 욕구를 충족시키고자 한다. 현실도피를 위해 몸을 떠나면서 거짓 자아를 만들어 나가는 것이다. 이때 중독성 물질이나 행동이 촉매로 작용한다. 이렇게 볼 때 우리 중 중독에서 완전히 자유로울 수 있는 사람이 과연 얼마나 될까? 특히 우리나라의 경우 많은 사람들이 집단중독에 걸려 살고 있다는 느낌이 든다. 몸을 떠나기를 강요하는 사회에서 중독성 행위나 물질이 번창하는 것은 어쩌면 당연한 일일지도 모른다. 알코올, 니코틴, 마약 같은 중독성 물질에 의한 중독은 물론, 도박, 투기, 심지어 아이들의 게임 중독까지도 몸을 떠나는 도구로 사용되고 있는 것이다. 이러한 몸의 방기 및 폐기 현상 때문에 가장 피해를 보는 것은 바로 우리들의 소중한 몸이다.

나는 오랫동안 단전호흡과 명상수련에 관심을 가지고 있었지만 이 책을 보기 전까지 호흡과 명상수련이 인간을 중독에서 벗어나게 하는 훌륭한 통로로 작용한다는 생각을 하지 못했다. 1997년 명지대학교에 교양단전호흡 과목을 처음 개설하게 된 것도 이러한 심신 상관적 활동이 인간의 총체적 — 신체적·감성적·인지적·영성적 — 발달에 크게 기여한다는 국내외 연구결과와 개인적 체험 때문이었다. 그런데 강의에 대한 학생들의 만족도는 기대 이상이었다. 상당수의 학생들은 좀 더 깊은 단계를 공부하고 싶어 했다. 호흡과 수련을 통해 몸을 다시 진지하게 들여다보는 일은 천착된 습관을 바꾸는 데 크게 기여했다. 학생들은 이것이 삶에 생기를 주었으며 관계 회복에도 무척 긍정적인 역할을 했다고 술회한다. 삶이 바뀌는 체험이 일어났던 것이다.

중독의 치료(therapy)는 삶을 교정하고 그 회복을 돕는 일이다. 내가 모든 치료사들과 그 지망생은 물론 체육, 예술, 의료, 수련계의 모든 지도자들에게 이 책을 권하는 이유는 중독으로 침몰할 것 같은 우리 사회에 몸을 직접경험으로 다루는 그들의 역할이 너무나 소중함을 알려주고 싶기 때문이다. 또한 아이들을 키우는 이 나라의 모든 부모와 선생님들에게도 일독을 권하는 이유는 우리가 얼마나 아이들을 중독으로 몰아가고 있는지 보여주고 싶기 때문이다.

이러한 이유 때문에 몸 심리학 전문 교재로서 쓰여진 이 책을 일반 독자들도 읽기 편리하도록 애써보았지만 원문에 충실해야 한다는 의무감과 역자 자신의 한계로 난해한 부분이 여전히 남아 있음을 고백한다. 그러나 저자도 밝히고 있듯이 이 책의 출판 덕분에 '몸 중심 심리요법'이 미국과 유럽의 중독 연구에 이미 독보적인 위치를 확보했다. 저자가 제시하는 무빙 사이클은 현장에서 중독 회복의 실질적 성과를 드러낸 만큼,

이 책이 우리 개개인의 중독 성향을 일깨우고 나아가 우리 사회에 만연된 갖가지 중독을 뿌리 뽑는 데 기여할 것을 믿어 마지않는다.

저자 크리스틴 콜드웰 교수에 대한 고마움과 존경심은 한두 쪽의 지면으로는 감당하기 어려울 만큼 크고 깊다. 나로파대학으로 나를 초청하여 연구와 강의의 기회를 주고 이 귀한 책을 선물하여 오늘에 이르게 도움을 주었다. 또한 중독을 풀어나가는 일이 얼마나 중요한 일인지 다시금 깨닫게 해주었다. 이 한국어판 번역이 부족한 대로 작은 답례가 될 수 있었으면 한다.

끝으로 안식년임에도 불구하고 이 작업을 하는 동안 시간을 같이 보내지 못한 가족들에게 미안한 마음을 감출 수 없다. 그러나 이 책 덕분에 주변의 사랑하는 사람들에게 진정으로 도움이 되는 방법을 알게 되어 다행이라고 말하고 싶다. 우리도 모르는 사이에 자신은 물론 주변 사람들을 얼마나 중독으로 밀어 넣는지 모른다. 사랑하는 사람과 함께하는 소중한 시간과 경험도 우리들의 느낌이 살아 있지 못하면 그냥 일상에 묻혀버리기 때문에……

2007년 8월

김정명

한국어판 서문

　『몸으로 떠나는 여행』이 출간된 지 10년이 넘어가고 있습니다. 이 책은 처음 출간된 이후 영어로는 여러 차례 재판을 찍었고 스페인어, 독일어, 중국어로 번역되었으며 이제 한국어판을 여러분에게 선보이게 되었습니다.

　한국어판은 명지대학교 체육학부 교수이자 한국몸학연구센터 소장이신 김정명 교수의 헌신적인 노력에 의한 것이라 의미가 깊습니다. 내가 김 교수를 만난 것은 그가 2년 전 콜로라도 볼더의 나로파대학에 연구년으로 왔을 때였습니다. 그가 나로파에서 연구와 강의를 하는 동안, 우리는 생명의 몸, 동서양의 수행개념, 치유와 웰빙을 위한 몸학적 수련법에 관해 귀한 대화를 많이 나누었습니다. 그 과정에서 김 교수는 이 책에 깊은 관심을 보였으며 마침내 번역까지 하게 되었습니다. 그의 도움으로 이 책이 한국인 독자들에게도 전해지게 된 점을 깊이 감사드리며 그의 동료가 된 것을 영예롭게 느낍니다. 또한 도서출판 한울에서 이 책을 출판하게 된 데 깊이 감사드립니다. 이렇게 훌륭한 출판 전문가들과 일하는 것은 큰 기쁨이 아닐 수 없습니다.

　나는 몇 년 전 서울여자대학교의 김나영 박사와 그녀의 소중한 동료들의 초청을 받아 한국에 가서 몸 중심 심리요법을 가르친 적이 있습니다. 이때부터 예리하고 엄격한 교육에 대한 한국인들의 강렬한 열정을 읽을 수 있었고 깊은 고마움과 경외심까지 갖게 되었습니다. 이런 고마움과 경외심은 지난 몇 년 사이에 더욱 커졌습니다.

이 책이 처음 출간된 이후 몇 년 간 책 속에 담겨진 개념과 수련법을 이야기하는 많은 연구와 저서들이 새롭게 등장했습니다. 특히 중독자들에 관한 연구에서는 심신 상관적 관점에서의 치료, 즉 판단적인 사고와 신체적 습관을 함께 겨냥하는 치료가 가장 효과적이라는 점이 확인되었습니다. 중독과 어릴 적 트라우마 경험의 연결고리가 만들어졌고 '하위상달(bottom-up)' 과정이 트라우마의 주요 치유법으로 받아들여지기에 이르렀습니다. 인지적 통찰력으로 [신체적] 행태의 변화를 시도해온 소위 '상위하달'식 접근과 반대되는 이 '하위상달'식 접근에서는 몸에 주의력의 초점이 주어지고 각성의 상태를 직접 조정하는 방법을 배움으로써 신체적 이완과 의식의 움직임을 통해 마음을 안정시키고 치유를 가능케 하는 것입니다.

지금 서구에서는 건강과 웰빙을 위해 동양문화가 소중히 간직해온 개념인 명상수련법들의 가치를 새롭게 발견하고 있습니다. 신경과학자들과 심리요법사들은 명상을 시작하고 있으며 환자들에게 명상 안에서 자아 성찰을 이루는 방법을 가르치기 시작했습니다. 흥미롭게도 이 전문가들의 다수는 명상 행위 안에서 몸이 그 바탕을 이루고 있음을 동시에 깨달았습니다. 호흡과 감각, 움직임에 대한 각성이 깨어 있는 삶의 결정적인 요소임을 깨달은 것입니다. 지금은 여러 가지 명상적 심리요법들이 과학 공동체에서 전폭적인 지지와 인정을 받고 있습니다.

우리의 두뇌는 새로운 상황에 창조적으로 적응하게 합니다. 습관은 신경계를 도와 편안하게 해줍니다. 우리는 날마다 몸과 머리의 이러한 작용을 더 많이 알아갑니다. 우리가 깨어서 관여하고 감상하고 적극적이 된다면 이렇게 창조적인 충동과 예측 가능한 행동 사이의 긴장감은 더욱 의미가 깊고 크나큰 축복이 될 것입니다.

가장 효과적인 치료는 a) 지금 이 순간을 직접 경험하고, b) 인지적 상태는 물론 신체적 상태의 각성을 수반하고, c) 자아 수용과 사랑의 개발을 강조하며, d) 타인과의 연결에 가치를 두고, e) 삶에서 긍정적인 행위를 취하는 일을 포함한다는 점이 많은 연구결과로서 나타나 있습니다. 지금은 또한 지난 수십 년 간 몸심리학자들이 경험적으로 알고 있던 사실들이 과학적으로 입증되고 있습니다.

특히 지난 10년 동안에는 중독 치료에 대한 사회적 지원이 더욱 확대되었습니다. 이제 우리는 한때 즐거움을 주는 것같이 보였지만 고통의 원인이 될 수밖에 없었던 각종 중독성 물질이나 행위에서 벗어나려는 노력과 함께, 중독의 정도가 심하든 약하든 간에 최적의 활력, 건강, 행복을 되찾기 위해 함께 나아갈 수 있게 되었습니다. 『몸으로 떠나는 여행』의 아이디어와 수련법들이 언제나 여러분에게 그 길을 열어줄 것이라고 감히 기대해봅니다.

다시 한 번 김정명 교수에게 감사드리고 싶습니다. 그의 다정함과 넉넉함, 그리고 제 일과 이 책에 기울인 헌신적인 노력에 고마움을 표합니다.

이 책을 읽은 후 저에게 연락하고 싶은 분은 언제든지 저의 웹사이트 (www.themovingcycle.com)를 참조하시기 바랍니다.

여러분 모두가 고통으로부터 자유로운 존재가 되기를 기원합니다. 모두가 행복하시길……

크리스틴 콜드웰

차례

역자 서문 6
한국어판 서문 10

들어가기 **근원을 찾아서** 17

제1부 개념에서 다시 몸으로

  1. 몸은 모든 것을 알고 있다 28
  2. 배에 오르기: 중독에서 몸의 역할 39
  3. 원-투-스리 왈츠: 중독 패턴의 몸 59
  4. 몸의 회복: 무빙 사이클 88

제2부 회복의 몸으로 다시 나기: 무빙 사이클의 구체적 전략

  5. 바탕전략: 각성 110
  6. 책임지기=몸으로 돌아가기 128
  7. 관계 안에서 회복하기: 춤추는 몸 160
  8. 수련전략 172
  9. 맺음말: 생명의 몸을 노래하라 194

참고문헌 201
몸 중심 심리요법 센터 정보 204

일러두기

1. 단행본은 『 』, 학술지와 잡지, 신문 등 정기간행물은 ≪ ≫, 논문과 단편소설, 시 제목 등은 「 」, 영화 및 연극, 방송 프로그램 제목은 < >으로 표기했다.
2. 본문에 들어 있는 '[ ]' 안의 표기는 옮긴이가 독자의 이해를 돕기 위해 덧붙인 것이다.
3. 원서의 이탤릭체 강조는 고딕체로 표기했다.
4. 각주는 옮긴이주이다.

들어가기
근원을 찾아서

> 우리가 몸으로 돌아올 때 진정한 배움은 시작된다.
> — 리처드 스트로치 헤클러(RICHARD STROZZI HECKLER),
> 『디 아나토미 오브 체인지(The Anatomy of Change)』

　몇 년 전 친구들과의 푸짐한 잔치가 끝난 후 있었던 일이다. 전부터 당 중독 증세를 감지하고 있었던 나는 그날 마침내 심각한 중독 증세를 인정하며 한스럽게 넋두리를 해대고 말았다. 나는 증상 감추기, 몰래 먹기, 끝없이 먹어대기, 거짓말하기 등과 같은 전형적인 중독 증세를 고스란히 보이고 있었다. 그 후 어느 날 나는 네 살짜리 아들과 동네 가게에 가서 큰 봉지에 든 과자를 샀다. 길모퉁이에 자리를 잡고 앉아 거리낌 없이 신나게 과자를 먹기 시작하는 어린 아들을 바라보다가, 나는 살찔 것을 염려하면서도 혹여 아는 사람이라도 볼세라 절반의 내 몫을 단숨에 삼켜버렸다. 똑같은 과자를 대하면서도 아들과 전혀 상반된 경험을 하게 되는 것이 몹시 괴로웠다. 아들은 여전히 그 맛을 즐기고 있지만 나는 과자와의 행복한 관계가 어느 샌가 이미 실종되었음을 확인한 것이다. 가슴에 비수가 꽂히는 느낌이었다. 그 순간 우리 둘의 차이는 확연했다. 아들의 감각은 깨어서 살아 있는 반면, 나의 감각은 닫히고 정지된 상태였다.

그때 나는 맹세했다. 아들처럼 '깨어서' 그 달콤한 맛을 즐길 수 있을 정도까지만, 다시 말해 내가 진정으로 원하는 양만큼만 스스로에게 단맛을 허용하겠노라고 나는 달콤한 것을 눈앞에 대할 때 어린 아들이 보여준 바로 그 살아 있는 감각을 갈망했다. 그런 느낌은 실제로 과자를 먹든지 안 먹든지 간에 이미 내게서 떠난 것 같았다. 하지만 단맛으로부터 자신을 억제하고자 했던 극기 실험은 무언가를 빼앗긴 느낌, 허탈감, 불안감, 중독이 계속될 것 같은 예감만 남길 뿐이었다. 곧이어 극기 실험은 거의 불가능하다는 사실을 발견했다. 처음 달콤한 것을 한입 베어 무는 순간 나는 망각의 여로로 들어가면서 게 눈 감추듯 먹어치워 버리곤 다시 참담한 심정으로 되돌아가곤 했다. 요컨대 단것을 먹고 있는 순간 나는 깨어 있는 것도 살아 있는 것도 아니었고 결코 즐거운 것도 아니었다. 무언가에 의해 흡수되고 조정당하는 느낌이었다.

이렇듯 살아 있는 감각을 잃지 않을 때만 단것을 허용하리라 굳게 마음먹으면서 단것을 먹지 않고 입맛을 다셔보았다. 아주 짧은 순간이지만 단맛에 대한 의식이 종종 깨어 있음을 느낄 수 있었다. 그 '깨어 있음'을 탐미하기 시작했다. 그 짧은 순간, 나는 과자 맛을 '알 수' 있었다. 과자의 향과 질감을 즐길 수 있었고 참으로 귀한 맛을 음미할 수 있었다. 금방 사라지긴 했지만 실제로 풍요로운 감각 경험이 되살아나는 느낌이었다. 실제로 과자를 먹는 것보다 깨어 있음에 머무는 행위 자체에서 더욱 큰 즐거움을 느낄 수 있었다. 그 사실을 깨닫고 스스로 놀라지 않을 수 없었다. 감각은 참으로 대단했다! 실제로 깨어 있는 동안 나는 그다지 단맛을 원하고 있지 않았다. 감각이 살아 있을 때 단맛을 입에 대니 그 맛이 어찌나 감미롭고 생생하던지 소량으로도 충분히 만족할 수 있었던 것이다. 맛의 즐거움을 음미하면서 섭취량이 곧 줄어들기 시작했다. 그 대신 맛의 환희가 입안에 머물렀다. 단것을 계속 먹으면 약간 메스꺼운 느낌마저 들기 시작했다. 적게 먹을수록 즐거움은 배가되었다. 가끔씩 소량의 단맛이 큰 행복을 주었지만 몸이 그만 먹을 때를 알렸다. 내 몸이 선택하는 그 느낌, 예스/노를 분명히 말하지는 않지만 그 자체만으로도 놀라운 일이었다. 몸이 깨어 있을 때 한두 입 이상 많이 먹는 것이 얼마나 해로운지 느낄 수 있었다. 몸에서 땀이 별로 나지 않거나 심장박동이 빨라질 때, 위 속의 거북한 느낌을 감지할 때, 내 피 속에서 당분이 빠르게 움직이는 것을 느낄 수 있었다. 그리하여 실제로 내 몸속의 독소와 자양분을 구별하기 시작했다. 당분뿐 아니라 모든 종류의 음식까지 점차 넓혀나갔다. 사실 몸이 이 정도까지 깨어 있기를 기대하지는 않았다. 그러다 이런 결과를 접하고 나니 당황스럽기까지 했다. 일련의 과정을 통해 발견한 것은 우리가 타고난 자율(self-regulation)이라는 놀라운 능력이었다. 이 [자율적] 선택 능력을 우리는 중독 과정에서 잃고 만 것이다.

이 실험이 효과를 볼 수 있던 것은 나 자신이 중독되었음을 거부감 없이 인정했기 때문이다. 나는 또한 중독 자체의 치유를 넘어 그보다 훨씬 중요한 '깨어남'의 회복에 전념했다. 회복의 효과가 나타나기 전에 완전한 절제와 해독이 필요한 니코틴이나 알코올, 혹은 다른 약물과 달리 당은 그 자체로서 해로운 것은 아니다. 우리의 몸은 독성의 영향에서 물리적으로 벗어날 때까지 자양분과 독성을 구별해내기 힘들다. 독성이 우리의 선택 능력을 흐리게 하기 때문이다. 그리하여 독성이 강한 물질에 중독된 사람은 아주 적은 양도 다시 먹어서는 안 되는 것이다.

감각 깨우기 훈련의 효과는 끝이 없다. 의식이 몸에 머물 때, 자기 관리가 용이하다. 어떤 물질이 내게 해로운지 어느 정도의 양이 괜찮은지, 그것이 음식일 때는 어느 정도가 즐겁고 자양분이 있는지 스스로 알아차릴 수 있다. 그것은 또한 행위나 관계, 생각의 패턴까지 영향을 주어 그것이 해로운지, 중립적인지, 혹은 유익한지를 판단한다. 나는 단지 자신이 아는 바에 의존하며 몸과 마음을 조율하면 된다. 그리고 다음 단계로 계속 나아가야 한다. 몸의 욕구를 참아낸 후 몸 안에 실재하는 기쁨과 환희를 느끼는 단계, 자양분을 지속적으로 선택함으로써 건강을 회복하는 단계까지 말이다.

이러한 과정을 거치다 보면 영양 공급의 개념이 바뀔 수 있다. 중독되면 그 탐닉 대상에 결코 만족할 수 없다. 영양 공급의 개념은 생존기반 욕구와 연결되어 그 근원적 결핍 경험과 함께 양적으로만 배가된다. 우리가 몸으로 돌아와 자기 관리 능력을 되찾을 때 영양 공급은 알맞은 자양분을 적당량 섭취하는 것임을 알게 된다. 중독은 바른 대상이 무엇인지 확인하려는 능력을 망가트린다. 그것은 또한 영양분(음식 또는 사회적·심리적 영양분인 대인 접촉, 주의력, 자극 등)이 부족한지, 적당한지, 아니면 넘치는지 식별해내는 능력을 가로막는다. 어떤 것이든 넘치면 독이 된다. 심지어 산소나 물도 너무 많이 들이키면 우리를 죽일 수 있다. 충분치 않을 때 우리의 삶은 끊임없는 양적 추구로 인해 그 자체에 중독되기 쉽다.

나는 몸[의 감각]을 중심으로 심리치료를 한다. 몸 중심 심리요법이란 억압되고 분열된 자아에 접근하는 수단으로서 몸의 움직임을 이용하는 일종의 임상치료이다. 그것은 감각, 호흡, 움직임으로 몸의 의사를 전달하는 형태이다. 몸의 소리를 들을 수 있을 때 내면의 상처가 치유되고, 감각과 즐거움을 만끽할 수 있으며, 올바른 자양분을 섭취하는 활동에 참여하게 된다. 이러한 몸의 소리는 종종 무의식이나 분열되고 위축되어 왔던 자아로부터 생겨난다. 그것은 통증이나 고통, 만성 건강문제, 습관화된 자세와 동작, 혹은 특별한 감각 등으로 나타나기도 한다.

내가 회복되기 불과 몇 년 전인 1984년 처음으로 개인적인 수련을 통해 중독 증세를 연구하기 시작했다. 내 자신은 여전히 당 중독에 빠져 있으면서도 내담자들의 특이한 신체적 움직임을 확인할 수 있었다. 그것을 바라보는 것은 당혹스럽고 힘겨웠다. 습관적 움직임이라 부르게 된 이러한 현상은 대체로 내담자의 감정 기복에 따라 나타나는 신체적 긴장이나 동작들이다. 이것은 대개 작고 반복적인 손동작, 얼굴의 움직임이었고 신체적 기능이나 표현과는 무관하지만 진정 작용을 하는 듯 보였다. 핵심이 되는 [상처의] 느낌이나 인식이 생겨나는 치료 과정의 전환점에서 이러한 습관적 움직임이 주로 포착되었다.

이러한 [습관적] 패턴은 네 살 때 엄마가 암으로 사망한 한 내담자의 경우 두드러지게 나타났다. 치료 과정에서 그녀는 그동안 표현할 수 없었던 슬픔과 공백을 느끼기 시작했다. 평소 감정이 드러나지 않던 무표정의 마스크가 사라지고 그녀의 얼굴 위로 순간적이나마 슬픔이 드러났다. 그리고 무의식적으로 얼굴을 자꾸 문질렀다. 그러면서 공교롭게 슬픈 표정이 사라지고 허탈감을 호소했다. 내가 그 동작에 대해 언급할 때까지 그녀는 그것을 전혀 의식하지 못하고 있었다. 이어서 그녀는 평소 생활에서 그 습관이 나타나고 있음을 관찰하기 시작했다. 그리고는 느낌이 편안하지 않을 때 얼굴을 문지르는 습관이 있음을 스스로 발견해냈다.

우리는 [치료 과정에서] 그 습관을 없애려는 노력 대신에 의식 속으로 끌어들이는 훈련을 시작했다. 내면의 요구에 따라 그 동작을 마음껏 허용하면서 고의로 얼굴을 문지르기 시작했다. 그녀는 아버지에 대한 특별한 기억을 떠올릴 때마다 얼굴을 심하게 문질렀다. 그러면서 어머니의 장례식 후 울지 않는 착한 어린이가 되기 위해, 슬픔을 잊기 위해, 문자 그대로 "얼굴을 쓸어버리리"라고 이야기했다. 더욱 심하게 얼굴을 문지르며 그녀는 엄마를 위해 울지 못하게 했던 것에 대한 잊었던 분노를 다시 찾아 표현할 수 있었다. 이것은 그녀가 오랫동안 묵혀두었던 감정의 치유 과정이었다. 두 차례의 치유 과정에서 그녀는 내내 손으로 얼굴을 감싸고 흐느꼈다. 그녀는 그 과정이 지난 직후부터 흡연량이 현저히 줄어들었다고 알려왔다.

이렇듯 미묘한 신체적 습관이 내담자는 물론 나 자신에게도 있음을 알아내었다. 이러한 습관은 궁지로 몰렸을 때 나를 지켜주고 나의 정체성을 유지시켜주었다. 옛 친구같이 편안하고 친근하며 반가운 느낌이었다. 긴장이 되면 손톱을 물어뜯는 습관이 나의 정체성을 보여주는 트레이드마크가 된 것이다.

내담자들 대부분은 뚜렷한 중독 증세를 갖든 그렇지 않든 간에 자신의 몸으로부터 떠나 있었다. 스트레스를 받을 때 이러한 습관적 행태를 지속적으로 드러냈다. 이러한 습관을 관찰하면서 내가 내담자에 대해 많은 것을 예측할 수 있다는 것을 알고 매우 놀랐다. 나는 내담자 중 한 사람이 어떤 경우에 턱을 문지르는지 예측할 수 있었다. 그는 아버지와의 관계를 언급할 때마다 그런 습관적 행동을 보였다. 또 다른 내담자의 경우 화가 날 때마다 머리카락을 잡아 뜯는 습관을 갖고 있었다. 이러한 관찰은 동작치료사(movement therapist)나 언어치료사(verbal therapist)의 치료 과정에서 자주 공통적으로 나타나지만 거기에서는 이러한 행태를 규명하거나 그것을 중독 과정의 뿌리로 취급하지는 않는다.

창조적이고 관능적이며 자연스레 표현될 수 있는 우리의 몸이 중독 과정에서 무의식의 포로가 될 수 있음이 확인되었다. 중독이 우리 몸의 자아 각성 능력을 파괴하고 우리를 자신의 경험으로부터 격리시키는 사실을 발견한 것은 참으로 놀라운 일이었다. 나는 항상 모든 신체적 표현이 의식을 수반하는 행위라고 가정했다. 어떻게 보면 그것은 사실이다. 그러나 나는 지금 과거에 알지 못하던 [현재의식과 무관한] 신체적 움직임의 카테고리—기능이나 표현에는 관계없이 단지 반복적으로 회귀하는 움직임—를 관찰하고 있는 것이다. 우리가 어떤 물질을 습관적으로 섭취하거나 같은 일을 반복적으로 함에 따라 감각이 둔화되는 것처럼, 고통을 줄이고 즐거움을 찾는 과정에서 우리 자신의 신체적 습관에 의해 중독될 수 있다는 사실을 발견한 것이다. 그 과정이 거칠수록 느낌의 강도를 줄이기 위해 우리는 몸을 떠나게 된다.

이 책은 이러한 나 자신의 초기 경험에 기인한 임상적 관찰, 치유 과정, 관련 연구를 고찰한 결과이다. 이 책은 우리의 전체성과 기쁨의 회복에 있어서 몸의 역할의 중요성을 이야기하고 있다. 또한 깨어 있는 몸에 초점을 맞추어 중독 증세에 대한 새로운 개념도 제시한다. 결국 이 책은 신체적 행태 안에서 중독의 특성이 어떠한지 보여주고 새로운 치료방법을 제시해준다.

특히 지난 10여 년 동안 중독에 관한 훌륭한 연구물이 발표되었고 중독회복운동을 위한 다양한 노력이 전개되어왔다. 이 분야에서는 전통 심리학 분야의 수준과 맞먹는 수준급의 임상결과와 이론들이 발표되었다. 이렇게 중독 회복을 위한 움직임은 요구에 의해 자연스럽게 생겨났고 그것을 절실히 필요로 하는 사람들에 의해 활용되었다. 이것은 아주 실용적이었기에 많은 사람들에게 현실적인 혜택을 주면서 독특한 방식으로 현실적 요구에 부응했다. 이 분야의 다음 단계는 무엇일까? 나는 중독의 뿌리가 되는 몸의 무감각과 그릇된 습관을 진지하게 연구하면서 몸의 회복을 다루는 분야가 될 거라고 생각한다. 중독자들 대부분은 자기 몸을 혐오하고 불신하거나 감각을 잃어버린 상태에 있다. 왜냐하면 그들의 몸에는 쓰레기 더미처럼 삶의 관심 밖으로 팽개쳐진 어릴 적 충격과 상처가 저장되어 있기 때문이다. 누가 쓰레기 더미 속에서 살기를 원할까? 그러한 상태에 있는 몸으로 돌아온다면 수치심과 자괴감, 무언가 잘못되었다는 느낌만 다시 떠올리게 될 것이다. 사실 우리 모두는 몸에 대해 이러한 느낌을 어느 정도 가지고 있다. 몸에 대한 이러한 생각은 1991년 10월 ≪피플(People)≫에 자신의 참혹한 어린 시절의 상처를 이야기한 인기 TV 스타 로잔나(Roseanne)의 고백에서 생생하게 묘사되고 있다.

> 나는 삶의 대부분을 터뜨리고 부수고 토막내버리고 싶은 살의 감옥 속에서 살아왔다. 하루에 다섯 갑의 줄담배를 피우고 마약과 알코올 그리고 내 몸무게를 100~200파운드나 나가게 했던 음식들로 육체를 고문했다. 나는 내 몸에 상처를 내고 찢는 자해를 일삼기도 했다. 몸에 체벌을 가하는 일은 마치 나를 일종의 (나의 진실과 모든 비밀을 간직했기에 미워할 수밖에 없는 몸을 초월한) 천사로 만들어주었다.

우리는 몸이라고 부르는 놀라울 정도로 부드럽고 유연한 점액질의 컨테이너에 담겨 잉태되고 태어난다. 또 그것을 통해서 자신과 세계를 경험한다. 우리는 자라면서 몸의 경험을 통해 자아를 형성한다. 삶이 우리에게 선사하는 온갖 기쁨과 고통, 세세한 일상사에 이르기까지 우리의 몸을 통하지 않고 진행되거나 표현되는 것은 없다. 우리가 마음에 끝내 풀어내지 못할 커다란 상처(trauma)를 입으면 신체 조직에도 영향이 미친다. 몸은 그것을 스스로 인지하여 최선을 다해 주어진 상황에 대처한다. 마음의 상처가 끈질기고 무자비할수록 그것에 대처하는 우리의 몸도 끈질기고 무자비해진다. 몸의 중독 증세가 탄생하는 것이다. 우리 몸은 생존에 필수적이지 않은 부분을 희생해가면서 자신을 살리기 위한 전략을 배운다. 다시 말해 중독은 감성적으로, 정신적으로 동상에 걸린 것이라고 할 수 있다. 생존 자체를 위해 움직이는 몸은 자신의 행복이나 창조성 같이 당장 급해 보이지 않는 부차적인 것을 포기하는 작업부터 시작한다. 흥미롭게도 각종 중독이 치유되는 것은 몸을 되찾음으로써 가능하다. 이 책은 중독으로 발생한 삶의 위기와 또 다른 기회 속으로 떠나는 몸의 여행에 관한 이야기이다.

이 책의 제1부에서는 몸 안에서 중독의 발달 과정을 탐색한다. 즉, 직접체험의 회피 수단으로서 [습관성] 움직임이 만들어지는 이유, 몸 안에서 일어나는 중독 과정의 단계, 그리고 중독성 물질 남용, 과정 남용, 공동 의존 등과 같이 명백한 중독현상에 대한 동작 중독(movement addictions)의 관계 등을 살펴본다.

제2부는 움직임과 몸 중심 접근이 어떻게 중독 과정을 뒤바꾸고 우리의 순수성과 생기를 회복시켜주는지 보여준다. 이 접근의 대전제는 우리가 다시 몸 안에 거주하며 즐거움을 느끼기 전까지는 어떠한 회복도 미완성이라는 것이다. 중독에서 회복된 많은 이들은 놀랍게도 삶에 대한 동상반응, 즉 일종의 무감각을 넘어서는 데 성공했다. 따라서 후편은 회복 경험의 연장을 다루었다고 할 수 있다. 여기서의 회복 경험은 단지 질병증세가 없어지는 데 머물지 않는다. 원기 왕성한 몸을 갖게 하고, 생동감 있는

삶을 살게 하고, 삶의 모든 일들에서 넘치는 기쁨을 경험하게 하며, 우리를 시인이나 댄서로, 사랑이 충만한 사람이나 화가로, '지금 여기'의 삶을 사는 격조 높은 인간으로 만드는 진정한 회복을 말한다. 이런 개념을 잘 이해하고 있는 듯 애커먼(Diane Ackerman)은 그녀의 책 『감각의 자연사(A Natural History of the Senses)』(1990)에서 다음과 같이 기술하고 있다.

우리는 인간이 양복과 넥타이를 하고 팬티스타킹에 슈미즈를 입을 만큼 고도로 진화된 존재라고 생각하길 좋아한다. 동굴에서 나와 수천 년을 살아오면서 정신적 성장을 거듭했지만 그런 것들은 우리 몸에게 그만한 확신을 주지 못했다. 우리는 먹이사슬의 꼭대기에서 호사스럽게 지내지만 실제든 가상이든 침입자를 만나면 여전히 아드레날린을 뿜어대는 존재일 뿐이다……. 우리는 여전히 예술을 통해 우리의 감각을 고양시키고 충만한 세계에 넘치는 감각을 선사한다. 그럼으로써 삶의 대제전 안에서 궁극적 황홀감을 맛볼 수 있다. 우리는 여전히 사랑과 허영, 충성과 열정 안에서 고통을 느낀다. 우리는 여전히 분출하는 사랑과 공포 안에서 우리 자신의 맥박을 통해 세계를 감지한다. 다른 방법이 없다. 의식이라고 부르는 고귀한 열기를 이해하기 시작하려면 먼저 감각을 알아야 한다……. 그리고 그 감각이 우리가 특권을 가지고 살아가는 매혹적인 세계에 관해 가르치는 것들을 알아야 한다(Ackerman, 1990: xix).

이 책은 몸으로의 귀환을 통해 심각한 질병을 고귀한 열기로 바꾸는 데 몸 중심 패러다임―또는 몸 심리학(Somatic Psychology)이라고 부르는 분야―이 어떻게 사용되는지를 다루고 있다. 이러한 변화를 통해서 우리의 삶은 의미와 목적과 은총으로 충만해질 수 있을 것이다.

제1부

개 념 에 서

다 시

몸 으 로

1. 몸은 모든 것을 알고 있다

느낌은 더 많은 것을 알려준다.
– 밥 말리(BOB MARLEY)

몸 심리학(Somatic Psychology)이란 무엇인가? (이때의) 소마는 단순히 '몸'을 뜻하고 사이키는 마음을 가리킨다. 따라서 몸 심리학이란 몸과 마음의 결합을 연구하는 분야이다. 그것은 기존의 철학, 의학, 과학 분야가 인간의 진정한 치유와 변화를 위해 하나의 유기적 전체(organic whole)로 합일되어야 함을 강조한다. 이러한 점에서 몸 심리학이란 인간 본성에 관한 총합적 이론을 찾고 있는 분야로 알려져 왔다. 이 책은 다음의 기본 전제를 바탕으로 몸 심리학의 포괄적 의미를 다루고 있다.

1. 신체적·감성적·인지적·영성적 영역 등 인간의 모든 영역에서 일어나는 사건은 어느 것이나 우리의 전 존재에 영향을 준다. 사건의 경험이 마음에 기록되기 위해서는 우리 몸에 퍼져 있는 신경계, 즉 살아 있는 신경망을 통해 전달되어야 한다. 심지어 생각마저도 우리 몸이 어느 정도 민감한 상태에 있어야 가능하다. 마음은 몸의 행위를 통해서 우리 안에

자리 잡는다. 어떤 사건에 반응할 때 감정이나 생각은 물론 몸의 조직까지도 변화한다. 분노는 턱에 드러나고 슬픔은 가슴에 남는다. 우리의 생각은 얼굴 표정이나 손의 작은 움직임과도 연결된다. 몸과 마음은 따로 놀면서 이상적인 협력체계를 구성하기보다는 하나의 환류고리(feedback loop) 또는 연속체로서 존재하고 있다. 우리의 건강은 감성과 인지 경험은 물론 신체적 경험과 연결되어 몸과 마음의 연결 중 어느 부분이 고장나면 전체에 영향을 미치게 된다.

2. 인간으로서 우리는 에너지 순환체계이다. 우리 모두는 살기 위해 에너지를 취하고 내보낸다. 그 에너지 교류를 통해 우리의 정체성과 행위가 결정된다. 따라서 각자의 에너지는 개성(personality)과 동등하게 간주될 수 있다. 몸학의 관점에서 보면 에너지란 일종의 순환 과정이다. 마치 음식이 몸에 섭취되어 대화로서 표출되는 일련의 과정과도 같다. 이 과정에서 에너지가 어떻게 환경으로부터 사람들에게 흡수되고 처리되는지, 그리고 [행동이나 대화 등을 통해] 밖으로 표출되어 주변에 되돌려지는지 볼 수 있다. 이렇듯 몸에서 일어난 사건은 우리 내면의 에너지 흐름을 자극한다. 그리고 이 에너지는 신체 구조와 밀도에 미치는 영향을 통해 해석된다. 나는 비판을 받게 되면 가슴 부위가 위축된다. 그럴 때는 다른 사람의 말을 비판적으로 해석하는 경향이 있다. 변명이나 소극적이고 위축된 행동양식을 통해 자신의 에너지는 다시금 주위 환경에 되돌려진다. 몸에 있는 에너지가 이렇듯 지나치게 위축되고 방어적 전략으로 반복적으로 사용될 때, [우리 몸은] 종종 과부하가 걸리거나 무기력해지곤 한다.

3. 우리의 에너지는 생명력을 갖고 있기에 결코 '나쁜' 에너지란 없다. 우리가 겪는 고통의 대부분은 억압된 에너지의 결과이다. 빌헬름 라이히(Wilhelm Reich)는 현대사회가 우리의 핵심 에너지를 억압하고 왜곡하는 주요 요인 중의 하나이고 이러한 억제가 바로 모든 질병의 원인이라고 생각했다. 이러한 견해는 지그문트 프로이트(Sigmund Freud)의 리비도 개념과 대조적이다. 프로이트는 내면의 원초적이고 반사회적 에너지인 리비도가 단단히 억제되어야 사회가 제대로 작동한다고 믿었다. 그러나 몸학의 전제에 따르면, 어떤 에너지가 통제 불능이거나 잠재적 위험이 있다고 판단될 때 몸이 미리 스스로를 보호하는 상태로 전환된다. 즉, 미움이나 두려움을 일으키는 에너지는 무엇이든지 우리를 무감각하거나 부자연스럽게 만듦으로써 [순간적으로는 자신을 보호하지만 궁극적으로는] 왜곡되고 상처로 남게 되는 것이다.

4. 우리는 느낌과 경험이라는 에너지의 순환고리를 통해 조직화된다. 느낌은 일반적으로 감각(sensation) 그리고 우리 몸의 맥동하는 에너지의 흐름과 동일선상에 있다. 그것은 몸 안에서 일어나는 원초적 데이터로서 그것을 통해서 감정, 기분, 마음의 상태가 드러난다. 특별한 조건 없이 감각과 에너지에 대해 수용적 상태로 머무는 능력은 건강을 위한 필수 기능이다. 많은 몸 중심 치료사들은 내담자의 치유 과정을 통해 감각 각성(sensory awareness)을 확인시켜줌으로써 에너지 맥동을 다시 찾아주고 있다(Gendlin, 1978; Hanna, 1987). 어떤 의미에서 그것은 프로이트가 말하는 신체적 수준의 자유연상(free association)이라 할 수 있다.

표현은 건강을 위한 또 하나의 중추적 기능 요소이다. 우리는 몸을 통해 자신을 표현할 수 있고 내적 경험을 정확히 전달하는 데 알맞은 표현양식을 찾는다. 감정을 드러내지 않고 있으면 경직되고 위축된 사람으로 보일 수 있다. 반대로 표현이 과다하면 히스테릭하거나 연극적인 사람으로 보이거나 통제 불가능한 사람이라고까지 여겨진다.

5. 몸은 움직이기를 원하고 움직여야 한다. 움직임은 삶을 정의하는 방식이다. 즉, 우리 심장의 고동, 폐의 맥동, 뇌파의 움직임은 곧 우리가 살아 있다는 증거이다. 움직임이 정지될 때 활기가 없어지고 죽게 된다. 몸의 모든 움직임은 거칠고 느린 단계(공간을 통한 신체적 움직임)에서부터 중간 단계(체액의 흐름, 제스처, 감성적 동요)를 거쳐 정제되고 빠른 단계(이온의 교환, 전기적 자극)로 진행되는 연속적인 진동이나 맥동 현상으로 표현될 수 있다. 맥동 과정에서 나타나는 수축과 이완은 생명의 원초적 작용이다. 즉, 호흡의 들숨과 날숨, 소화 과정에서의 수축과 이완, 그리고 심장이 부풀면서 피를 흡수하고 조이면서 뿜어내는 작용 등을 말한다. 이 과정은 거시적으로는 맥동하는 우주의 본성과 공명하고 미시적으로는 수정된 난자의 진동까지 조율한다. 가장 간단한 형태의 몸학적 진단이란 사람 몸 안에서 어느 지점이 생명의 진동을 경험하는지, 어느 지점이 그것을 경험하지 못하는지 찾아보는 것이다.

6. 움직임이 정지되면 에너지 흐름이 막히고 우리 몸은 병든다. 움직임이 급하면 에너지/생명의 흐름이 왜곡되고 아프게 된다. 이 아픔은 우리 전 존재에 드러난다. 즉, 육체적 영역에서는 긴장, 흐름의 단절이나 과도한 활동으로, 감성 영역에서는 느낌과 표현의 위축 또는 감정 폭발과 왜곡으로 나타난다. 인지 영역에서는 고정관념 또는 혼란스러운 생각으로, 영성적 영역에서는 의미의 상실과 관계의 단절로 드러날 수 있다.

괴로움은 우리에게 일어난 일을 수용하면서 자연스럽게 춤추는 상태에서는 발생하지 않는다. 오히려 사건에 대적하려는 긴장된 패턴에서 움직임을 정지하거나 과도하게 반응하는 데 기인한다.

7. 몸은 모든 경험에 대한 하나의 상징이다. 이것은 우리가 사용하는 언어 양식에서 잘 나타난다. '어떤 사람이 눈엣가시 같다'는 말은 그 사람이 나타나면 얼마나 우리가 긴장하는지를 묘사한다. 궤양이 생겼다는 것은 복부 에너지 흐름과 관련된 어떤 증상이다. 다리가 없는 꿈을 꾼다는 것은 서 있는 것 또는 뿌리의 상실과 관련된 진술이다. 우리는 몸을 통해서 경험을 어떻게 조망하고 체계화하는지 평가할 수 있다. 몸의 증세를 신뢰함으로써 몸의 언어, 이미지, 꿈을 해석해낼 수 있는 것이다. 우리의 몸은 감각이라는 언어로 끊임없이 무언가를 이야기한다. 때때로 몸은 언어를 초월한 직관의 원천이며, 생명력 있고 풍요로운 정보의 근원이 되기도 한다.

이러한 전제하에 중독에 관한 새로운 관점이 발견되었다. 중독이란 라틴어의 '집착된 습관(devoted habit)'에서 나온 말이다. 몸학적 관점에서는 습관화된 몸의 움직임은 무엇이든지 중독일 수 있다. 슈네일러(T. C. Schneirla, 1959)는 진화의 스케일에서 모든 동물이 전진과 후퇴라는 타고난 메커니즘을 갖고 있음을 지적한다. 이러한 기본 메커니즘은 모든 동기 행태(motivational behavior)의 뿌리가 된다. 슈네일러는 중독이 접근 동기와 관련 있다는 사실을 찾아냈다. 그는 어떤 중독물질이든지 투여되기만 하면 몸은 전진 이동 증세를 보이거나 어떤 것에 접근한다고 믿었다. 이 중독성 물질은 보상(reward)과 관련된 전뇌부 중앙에 도파민(dopamine)

회로를 활성화하여 전진 이동을 유도하는 것으로 보인다. 보상이 전진 행태를 끌어내는 것이다. 음식이 보상이라면 동물은 그 음식에 다가갈 것이다. 두뇌 자극의 중심에서 끌어들여진 경우, 동물은 그 환경에서 가장 두드러진 대상에 접근하면서 단지 앞으로 움직일 뿐이다.

이 이론에 의하면 중독 과정의 두뇌는 보상으로 작용하는 것들에 접근할 수밖에 없도록 프로그램화되어 있다. 이러한 의미에서 중독은 접근 방식으로 프로그램화된 움직임의 행태이다. 이 이론의 백미는 도박이나 마약은 물론 다양한 종류의 중독성 물질에 의한 중독에도 모두 적용 가능하다는 것이다. 우리는 자신을 조건화하는 대상을 향해 몸을 움직임으로써 보상과 연합할 수밖에 없다. 중독은 또한 후퇴의 동기 행태라는 양면성을 갖는다는 것이 내 생각이다. 보상에 접근하는 동안 고통으로부터는 도망치기 때문이다.

제2차 세계대전 이전에 만들어진 알코올중독자갱생회(Alcoholics Anon-ymous: 이하 AA)는 중독을 접근과 후퇴의 양면 과정에서 다룬 최초의 조직이다. 회복 과정의 수많은 중독자들에게 도움을 준 AA의 탄생과 함께 알코올 중독을 단순한 성격장애로 취급하던 기존의 견해는 사라지기 시작했다. 1962년 미국의학회는 알코올 중독이 일종의 질병으로 또한 그에 준해 취급되어야 한다고 선언했다. 알코올 중독이 집중적이고 효과적으로 치료되어야 할 병으로 용인됨으로써 그것을 다루는 모델은 이 분야의 획기적 진화를 예고했다. 대부분의 치료센터에서 (알코올 중독 치료를 위한) 12단계 프로그램이 이용되었으며 이후 이 질병에 대한 회복률은 현저히 개선되었다.

12단계 프로그램의 치료 과정 중에는 한 사람의 회복을 다른 이와 나눠야 하는 부분이 있다. 의탁과 회복에 관한 수많은 책과 글이 나온

것은 이 마지막 12단계의 영향 때문이라고 본다. 회복된 중독자들이 글을 쓰기 시작했고 회복으로 가는 과정을 다른 사람들과 나누었던 것이다. 이런 글의 영향력이 컸던 또 다른 이유는 관련 영역의 심리학 이론을 심도 있게 설명할 수 있었기 때문이다. 그러다 마침내 회복단계에 있는 중독자들의 글을 통해 가정의 구조적 문제가 부각되기 시작했다. '내면의 아동(inner child)' 현상을 깊이 연구하면서 중독 분야에 초점이 맞추어진 것이다. 우리는 유년기의 상처가 그들을 문제 있는 성인으로 만들었으며, 유년기에 다른 가족의 역할이 얼마나 소중한지를 중독자들에게서 배울 수 있었다.

1980년대 초, 중독에 대한 새로운 관심이 일어날 무렵 화학물질 말고도 섹스, 담배, 금전, 일, 식품, 도박 등 수많은 종류의 중독이 있다는 사실이 나타나기 시작했다. 이전에 생각했던 것보다 훨씬 많은 사람들이 중독되어 있었고 그 확대된 정의에 의하면 우리 대부분이 중독자 범주에 들어간다는 사실도 알게 되었다. 또한 그것은 가족 구성원들이 자신이 욕구를 충족하지 못하는, 엄격한 가족체계상의 문제에 뿌리를 두고 있음도 알기 시작했다.

이런 관점에서 볼 때 중독이란 반드시 술이나 약물의 문제라기보다는 [지금 여기의] 자신으로부터 끊임없이 후퇴하는 습관, 즉 단순한 움직임의 문제라고 할 수 있다. 동시에 이것은 자아가 아닌 것을 향한 자동적 접근을 의미한다. 어떤 경우 중독은 생명의 위협이 되는 심각한 것이지만 대부분의 경우는 단지 삶의 윤기가 퇴색하고, 생명의 노래가 무뎌지며, 인생의 황홀한 댄스가 엉망이 되어버리는 과정이다. 우리 대부분에게 중독은 무시무시한 괴물로서보다는 조셉 캠벨(Joseph Campbell)이 이야기하는 "축복 따르기(following our bliss)"를 두려워하는 심리, 즉 창조적 의지의 실패로 나타난다.

몸 심리요법사의 관점에서 볼 때, 중독이란 주제와 관련된 상당한 저작물 중에 [중독이나 회복 과정에서] 몸에 관한 정보가 결핍되어 있다는 사실은 흥미롭고도 충격적이다. 그것에 관한 저서나 논문도 거의 없을뿐더러 이 분야의 주요 저자들도 단지 몸을 피상적으로 언급한 데 그칠 뿐이었다. 중독의 생리적 과정과 결과를 알지 못하는 까닭에, 대부분의 저자들은 중독이 몸 안에서 이루어지고 회복도 그 안에서 일어난다는 것을 알지도 못하고, 신경 쓰지도 못하고 있다. 이렇게 간단한 진실이 소홀히 취급되는 데는 두 가지 이유를 들 수 있다. 첫째는 사회 전반이 이러한 생각에 익숙하지 않은 탓에 우리의 몸을 여전히 유용한 도구 정도로만 보고 있는 것이다. 둘째, 중독은 우리가 미워할 수밖에 없는 몸에 독을 가하는 [마땅한] 행위라는 것이다. 고통, 특히 충족되지 못한 욕구로 인해 고통을 경험하는 것은 몸이기 때문에 이렇듯 미워하는 대상에 대해 글쓰기를 회피하는 경향은 당연하다.

중독 회복 분야에서 흔히 농담으로 말하는 것이 있다. AA 모임에서는 그 어떤 모임보다 담배, 커피, 도넛을 많이 볼 수 있다는 것이다. 많은 AA 회원들은 술이나 마약을 끊기 위해서 상대적으로 해가 덜한 다른 중독성 물질을 대치한다. 그러나 이 가벼운 중독 역시 알코올 중독만큼이나 몸이 말하는 고통의 메시지를 쉽게 단절시킨다. 우리가 몸의 소리를 듣지 못한다면 완전히 회복되었다고 보기 어렵다. 대부분의 전문가들도 이 점에는 동의한다.

각성능력이 결핍되면 깨어나는 것이 힘들다. 찰스 휫필드(Charles Whitfield, 1987)는 우리가 촉감과 피부접촉 등에 기본적 욕구를 갖고 있으며, 이러한 욕구를 방해받을 때 중독 증상이 일어난다고 밝혔다.

안네 윌슨 셰프(Anne Wilson-Schaef, 1988)는 신체적 질병은 공동 의존 (codependence)*의 특성을 지닌다고 언급한다. 메리언 우드맨(Marion Woodman)은 그녀의 책 『완전을 향한 중독(Addiction to Perfection)』에서 신성한 그릇인 몸에 관해 한 단원을 할애했다. 거기서 그녀는 회복으로 가는 부가적 과정으로 몸의 메시지(감각, 꿈 이미지)에 귀 기울일 것을 촉구했다. 존 브래드쇼(John Bradshaw, 1990)는 내면의 아이를 불러내는 방법으로 컨디션이 좋아지며 몸에 자양분이 되는 활동을 추천하고 있다.

이 저자들은 회복의 관점에서 몸이 관여한다고 주장했다. 그러나 아무도 원인병리학, 발달, 중독 과정에서 몸의 역할에 관한 체계적 이론을 끌어내지 못했다. 이러한 체계적 이론이 없다면 회복 과정의 몸의 역할은 그다지 주목받지 못할 것이다. 그뿐만 아니라 중독으로부터 회복을 위한 노력은 그만큼 더 어려워질 것이다.

몸 중심으로 접근함으로써 치유와 변화를 자신이 직접 경험할 수 있다. 자신이 누구인지 알기 위해 단지 자아를 개념상으로만 접근할 때, 세계를 편견 없이 있는 그대로 경험하는 생기 넘치는 자양분을 잃고 만다. 인간의 행복은 스스로의 삶을 얼마나 생생하게 경험할 수 있느냐에 달려 있다. 이런 상황에서 우리가 [진실로] 누구인지 아는 일은 대단히 높은 차원의 행위가 될 것이다. 자기 자신을 아는 일은 우리에게 여러 종류의 아이디어나 이야깃거리를 제공한다. 나는 여자이면서 어머니이고 선생이면서 심리요법사이다. 이들이 모두 정확한 명칭이라면 나의 모든 것을 정말로 포함하고 있는가? 이런 역할은 나와 타인의 관계에 있어 나침반 역할을

---

* 공동 의존이란 알코올 중독자나 중독물질 남용자의 생활에서 나타나는 반응을 일컫는 용어이지만, 최근 들어 엄격한 가족 규칙에 의해 어린 시절에 발생된 역기능적 삶과 문제해결 패턴을 정의하는 용어로 의미가 확장되었다.

제1부 개념에서 다시 몸으로

하고 있는가? 자신에 관한 이런 생각은 어쩌면 정확하지 않을지도 모른다. 타인으로부터 인정과 관심을 받고 싶은 욕구에서, 아니면 나 자신에 대한 다른 사람의 호칭에 의해 만들어진 것이 분명하다. 자신을 아는 일은 우리가 세상을 어떻게 보고 그 안에서 어떻게 행동해야 하는지를 결정하는 하나의 세계관을 제시한다.

"지금 내가 여기 있습니다"라고 외치며 자신의 존재를 확인하는 행위는 우리 삶에 찬란함과 아름다움을 선사하는 것이다. 자신이 어디에 있는지를 알 때 우리는 삶이 초대하는 곳 어디로든지 움직일 수 있다. 공간에 자신의 위치를 확인하는 것은 나침반을 갖고 있는 것처럼 나 자신을 주변 환경에 끼워 넣는 것이다. 창가에 앉아 밖을 내다보면서 "아, 내가 100마일 밖에 있었구나"라고 말하는 것은 얼마나 신나는 일인가? 그것을 깨닫게 될 때 우리는 이제 그만 집으로 돌아와야겠다고 생각한다. 그렇다면 어디가 집일까? 하루 24시간, 아니 우리의 전 생애를 머물 수 있는 유일한 집은 바로 몸이다. 생각 속에서 100만 마일 떨어져 있는 것은 즐거운 여행일지 모르지만 지금 이 순간 우리가 느낄 수 있는 아름다운 석양과 어린아이의 빛나는 눈동자는 놓치고 말 것이다.

'지금 현재'는 우리의 현존이 무언가 할 수 있는 유일한 시간이다. 모든 생각이 미래나 과거로 갈 때 우리는 계획하고 기억하고 비교한다. 그러나 우리가 행동할 수 있는 유일한 시간은 지금뿐이다. 현재 이 순간에 존재함으로써 직접경험을 창조할 수 있다. 그것만 우리를 살아 있게 하고 나의 존재가 세상에 살아 있음을 명확히 깨닫게 해준다. 지금 여기에 현존함으로써 우리는 진동하며 맥박 치는 생명의 몸으로 깨어난다.

전통문화에서 전설과 신화, 옛날이야기는 인간이 누구인지 정의하고 위치 짓는 방식이다. 하나의 전형적인 스토리 형태는 영웅들의 모험(hero

몸은 모든 것을 알고 있다

journey) 이야기이다. 이야기 속에서 영웅은 자신의 왕국을 위협하는 절대적 위기를 만난다. 그녀(heroine)는 이 위험을 벗어나기 위해 여행을 떠나야 한다. 여행 도중에 벌어지는 여러 수난과 경험을 통해 그녀는 변화하고 왕국을 구하기 위한 지혜와 기량을 습득한 후 고향으로 돌아온다. 영웅의 여행을 내면의 시각에서 살펴보면 가슴 깊이 자리 잡은 진정한 자아, 즉 본질을 찾아가는 과정임을 인식할 수 있다. 그들은 종종 지도도 없이 이러한 여행을 떠난다. 우리 역시 영웅들처럼 나와 세상과의 관계, 타인과 나 자신의 만족스러운 관계를 위한 방법을 찾고자 몹시 갈망한다. 이 대목에서 자연스레 의문이 발생한다. 이 여정에서 우리가 살아남을 수 있도록 자양분이 되는 원천은 무엇인가? 어떤 길이 우리를 목적지로 데려다줄 것인가? 어떤 종류의 교통수단을 이용할 것인가?

이어지는 장들에서는 자신을 찾기 위한 여행에서 내면적 자원이 무엇인지 살펴보려고 한다. 어떻게 우리 자신을 버려야 하는지, 어떻게 그것을 다시 찾아야 하는지에 초점을 둔다. 이 장들은 우리의 탐험을 돕는 로드맵이 되어줄 것이다. 이들은 또한 직접 체험과 생기 있는 삶이라는 천부인권을 제자리로 돌려놓기 위한 지도와 나침반이 되어 우리의 귀향길을 도울 것이다.

2. 배에 오르기: 중독에서 몸의 역할

선하지 않아도 됩니다.
통회하면서, 사막을 뚫고 수백 마일을 가기 위해
무릎으로 걸어야 할 필요는 없습니다.
단지 당신의 몸이라는 부드러운 동물이 사랑하는 것들을
사랑하게 내버려 두기만 하면 됩니다.
— 메리 올리버(MARY OLIVER), 「기러기(Wild Geese)」

중독이란 중독성 물질을 복용하는 식의 행동 양태라기보다 우리 몸이 참다운 세계를 경험하지 못하도록 그 직접경험에서 벗어나는 움직임을 말한다. 어느 중독성 행태에서든 그 출발점은 우리가 몸에서 벗어나는 것이다. 그것은 "이 경험은 지긋지긋해. 지금 당장 몸을 떠나겠어"라는 내면의 선언과 같다. 우리가 몸을 떠나면 어떤 감각이나 감정, 그리고 위협적인 정신 상태로부터 멀어진다. 지금 다가오는 직접경험을 회피하기 위해 자신을 외면하는 것이다. 중독은 일종의 유체이탈 경험이며 [몸적] 자아와 세계의 연결 플러그를 뽑아놓는 행위이다.

차창 밖을 내다보면서 잠시 동안 나를 떠나든지, 술에 곯아떨어져 며칠 동안 자아와 단절되든지 우리는 모두 분리(dissociation)를 경험한다. 그 '떠나는' 과정은 아마도 인간이 그것을 해낼 만큼 충분한 여분의 신경을 갖게 되었을 때부터 진화했을 것이다. 우리는 TV 앞에서 가벼운 트랜스 상태를 경험하면서 휴식수단으로서 가벼운 단절 경험을 이용할 수 있다. 나는 작업에 집중하는 동안 가장 자주 단절을 경험하고 있음을 알게 되었다. 나는 또 이런 단절이 내 마음을 쉬게 하지만 몸을 쉬게 하지는 못하는 것에 대해 주목한다. 그것을 경험하면 할수록 더욱더 그것을 원하게 된다. 그것은 중독적이어서 더 할수록 만족감은 떨어지고 느낌이 감퇴된다.

프로이트는 자유연상(free association)이라는 테크닉을 개발했다. 그것은 마음을 특정한 대상에 맞추지 않고 이완한 상태에서 생각이 사회적인 규범이나 상식, 또는 실용적인 가치 등의 일반적인 여과 경로를 거치지 않고 저절로 일어나게 허용하는 기술이다. 이 테크닉은 예술가이면서 작가인 버지니아 울프(Virginia Woolf)에 의해서 사용되었는데, 의식의 흐름을 따라 글을 쓰는 그녀의 실험은 자유연합기술을 반영하고 있다. 프로이트와 현대 예술가들은 모두 자유연합이 가장 순수하고 창의적이며 기본이 되는 자아와 인간실존의 진면목에 접근로를 제공한다는 점을 주목했다. 자유연합은 내가 적극적인 휴식(active rest)이라고 부르는 상태에 공식적으로 적용된다. 이것은 우리가 상대적으로 목표 없는 편안한 일을 할 때 몸 안에서 공명하는 상태를 말한다. 나는 산보를 좋아하고 아버지는 골동품 차를 가지고 일하기 좋아하며, 친구는 바느질을 좋아한다. 이 각각의 활동은 우리를 적극적 휴식의 상태로 인도한다. 놀이 역시 적극적 휴식이면서 일종의 신체적 자유연합일 수 있다. 놀이는 우리가 오로지 활동 자체에 목적을 가지는 몇 안 되는 활동 중의 하나이다. 명상 또한 우리 몸과 마음이 고요한 가운데 깨어 있는 적극적 휴식의 일종이다.

적극적 휴식은 행복과 자아 실현보다 일과 생산성만 가치 있게 여기는 사회에서는 자리하지 못한다. 자신을 직업과 경력에 의해서 정의할 때 우리는 일-일-일-붕괴의 패턴을 따르게 된다. 이것이 익숙하게 들리지 않는가? 하루에 12시간 일을 하고는 집으로 돌아와 TV 앞에 앉아서 팝콘이나 먹고 있었던 적이 얼마나 많았던가? 자아와의 단절된 상태에서 넋을 놓고 있는 일, 그 분리 경험은 적극적 휴식에 대한 매력적인 대체재가 된 셈이다.

적극적 휴식은 몸과 마음이 동시에 관여한다. 적극적 휴식 상태에서는 우리 생각들이 이완되고 몸은 깨어 있게 된다. 우리 감각은 예민하고 심지어 고양된 상태에 있을 수 있다. 그러면서 정신없이 일할 때에는 지나쳤던 사과의 향기, 등 쪽 근육의 느낌, 눈앞에 석양이 뚜렷하게 펼쳐진 것을 확인한다. 그렇게 함으로써 자신과 세상에 대한 우리의 연결점을 회복한다. 이렇게 다시 연결된 느낌은 집중적인 몰입 기간 후 깊은 원기 회복 효과를 제공한다. 이 방식으로 우리는 작업 모드를 일-휴식-일-휴식으로 바꿀 수 있다. 이러한 모드에서 하루의 끝은 우리에게 충족감과 생동감을 남긴다.

나는 최근 현대인간이 네안데르탈인 선조보다, 일주일에 총 8시간에서 10시간 일하던 가장 원시적인 수렵문화인들보다도 훨씬 오래, 그리고 열심히 일한다는 이야기를 읽었다. 원시사회에서의 일이란 친지를 방문하고 가르치고 노는 시간을 포함한 것이다. 시간과 장소에 일과 휴식 사이의 명확한 구별이 존재하지 않았다. 우리가 이러한 식으로 살진 못할지라도 일-적극적 휴식-일-적극적 휴식의 패턴은 회복할 수 있다. 깊은 휴식으로 잠을 활용하고 다른 깨어 있는 시간은 원기 회복과 삶의 자양분을 얻고 [자아와] 재연결하는 활동에 쓸 수 있다. 분리가 자유연합으로 대치되도록 우리는 스스로를 회복할 수 있다.

길들여지기

적극적 휴식을 포기하고 한 가지 일에 오랫동안 집중할 때, 끊임없이 반복되는 사건에 직면해 진이 빠질 때, 인간은 자기 자신과 단절되지 않을 수 없다. 아무것도 우리 자신의 욕구를 채울 수 없다는 이유를 만들어내면서 그와 동시에 욕구결핍 상태로 들어간다. 그러나 감각에 대한 우리의 욕구는 쓰레기 더미처럼 내던져진다. 이때 우리는 자아와 단절되기 위해 몸을 떠나버린다. 이런 의미에서 중독 과정은 몸의 움직임을 배우자마자 시작될 수 있다. 인간의 최초·최상의 기본적 욕구는 신체적인 것이다. 그것은 마치 갓난아기가 울고 발버둥치는 것, 몸을 비벼대거나 코를 땅에 문지르는 것, 주먹을 두드리면서 자신의 욕구를 알리는 것과 같다. 몸의 언어는 욕구를 알아볼 수 있는 부모에 의해서 해석된다. 그러나 그 욕구를 알아보지 못하는 부모나 보모에게 아이가 맡겨진다면 이런 움직임은 무시되거나 혼돈되고 때로는 부적절하다고 판단될 것이다. 이때 아이는 욕구를 충족시킬 수 없고 원하는 것을 얻을 수 없게 되어 해결할 수 없는 욕구박탈의 고통과 아픔을 끊임없이 느끼게 될 것이다.

이러한 느낌은 불가항력적이며 다분히 신체적이다. 그런 상태에서 몸부림쳐보아야 아무 소용이 없으므로 몸은 중요하지 않다고 생각하게 된다. 그리고 부모를 괴롭히거나 혼란시켜서는 아무런 결과도 얻지 못한다는 사실을 배운다. 아이는 이러한 경험을 오래 견뎌낼 수 없다. 그래서 그 전달자인 몸을 없애고 싶어진다. 첫 번째 중독은 이렇듯 어린아이의 부드러운 몸 안에서 탄생한다.

어렸을 때 울거나 흥분하면 벽장에 갇히곤 했던 내담자가 있었다. 이러한 경험은 그 자체가 만들어낸 심한 내상에 더해 안전 욕구, 애정과 보살핌의 결핍 같은 또 다른 결핍증을 가져왔다. 벽장 안에서 그녀는 무릎을 껴안고 무서운 소리가 들리지 않도록 자신에게 의미 없는 노래를 불러가면서 앞뒤로 굴렀다. 엄마가 벽장 안에서 꺼내줄 때까지 "하늘을 방문"하던 어린이였다고 이야기했다. 그녀는 문자 그대로 몸을 넘어서 공중에 떠다니는 자신을 느낄 정도로 충분히 분리된 상태를 경험할 수 있었다. 어른이 되어서도 스트레스만 받으면 이러한 태아 자세를 취했다. 이것은 어린 시절 생존전략이 어른이 되어서까지 이어지는 것이었다. 도저히 해소할 길 없는 불가항력적인 스트레스를 받을 때마다 몸으로부터 후퇴하는 능력은 그녀의 생명을 구해왔는지도 모른다.

어릴 적 아버지에게 성적 학대를 당했던 거식증 환자의 경우도 "천사를 방문"하는 경험을 했다고 한다. 성인이 되어서도 이 천사를 방문하는 일이 심심치 않게 발생했는데 그 때문에 원만한 대인관계 형성에 문제가 생겼다고 한다.

위의 내담자들이 그랬던 것처럼 처음 몸을 떠나는 것은 도저히 피할 수 없는 무력감에 대한 반응으로 나타난다. 이러한 반응으로 단순한 감정의 공백 상태, 무감각, 또는 무중력 상태의 느낌들이 보고되고 있다. 우리가 어떤 생각을 의식하고 있을 때 그것은 고통스러운 현실세계와 유리되어서 나타난다. 일견 이러한 현실도피는 유리하게 판단될 수도 있을 것이다. 현실적인 고통에서 벗어나기 위해 우리는 현재의 삶 안에서 일어나는 모든 악몽을 기억하는 몸으로부터 후퇴해야 하는 것이다. 몸은 영리하다. 동화 속의 아이들처럼 떠날 때 빵부스러기를 흘려 놓아 어두운 숲에서부터 돌아올 길을 마련해놓는다. 몸은 확인할 지점을 기억하기 위해 습관적 움직임을 사용할 뿐이다. 이 제스처는 떨어뜨려 놓은 빵부스러기같이 우리의 귀향길을 안내한다.

이런 과정은 금연을 시도하던 내담자에게 잘 나타났다. 이 내담자는 담배를 피울 때의 손동작이 얼마나 재미있는지 과시하면서 담배를 입으로 가져가 그것을 삼키듯이 장난스러운 팬터마임을 시작했다. 그에게 눈을 감고 그러한 제스처와 함께 일어나는 느낌에 머물러 있어보라고 하자 그는 점점 슬픈 기색을 보이더니 입술을 손끝으로 문질렀다. 그러다가 "아무도 내게 키스나 포옹을 해준 적이 없어요"라고 이야기하며 눈물을 보였다.

우리가 어렸을 때 형성한 습관적인 몸의 움직임들은 단절이 작용하는 방식이다. 전형적인 예로 손가락을 깨물거나, 몸의 일부를 빨거나, 끊임없이 문지르거나, 후비거나, 때리는 것을 들 수 있다. 성장 과정에 있는 모든 어린아이들이 이러한 움직임을 만들고 있다는 사실에 주목해야 한다. 이 움직임이 중독으로 나타날 수 있는 것은 일상에서 반복적으로 어떤 상황에 대처할 때이다. 이런 중독성 몸의 움직임은 신경학적·심리학적으로 습관화된다. 이것들은 점점 자동적이고 무의식적으로 나타난다. 어린 시절에 스트레스를 받을 때마다 고통의 회피나 망각을 위해 중독성 물질을 복용하듯이 신체의 일부를 매일 사용하면 그 부분의 신경이 둔화된다. 둔화되었던 몸의 흔적들은 성인이 되면서 머리를 치켜세우는 동작이나 입술 깨물기, 엄지와 검지 문지르기같이 쉽고 자동적이며 가벼운 몸동작들로 진화한다.

인간의 욕구는 태아기부터 시작되는 생물학적 기본 특성 중 하나이다. 음식, 안전, 따뜻함, 받아들여짐에 대한 기본 욕구는 어머니의 자궁에서부터 시작한다. 어머니의 행동이나 어머니 자신의 중독성 패턴에 의해 이 욕구가 방해받을 수 있어서 욕구박탈의 경험은 태어나기 전부터 있을 수 있다. 이렇게 태아 시절부터 욕구결핍이 일어날 때 발생하는 독성은 어린이의 신체와 정신에 영구적 손상을 가져올 수 있다. 이러한 태아기 내상을 가진 사람들은 성인이 되어서도 종종 자기 파괴적이 되고 그것이 잘 기능하지 않으면 자살 가능성이 높아진다.

이 점은 인간관계를 유지하는 데 어려움을 겪다가 자살을 기도한 한 내담자와의 상담에서 잘 알게 되었다. 그 내담자는 자신의 몸이 중독되어 있고 기분 나쁘게 느껴진다고 종종 이야기했다. 그녀는 단도로 복부를 찌르는 환상에 사로잡히곤 했다. 흥분을 다루는 유일한 방법은 배꼽 주변을 주먹으로 마구 때리는 것이었다. 그녀가 지나온 삶을 조사하면서 어머니가 그녀를 낳기 전부터 알코올 중독이었음을 알게 되었다. 뱃속에 있는 몇 달 동안, 탯줄을 통해 쏟아져 들어오는 알코올을 막을 도리가 없었다. 지금은 알코올이 태아에 독이 된다는 것은 상식이 되었는데도 그녀는 자신의 문제를 태아기 경험과 연결하지 않았다. 태아기 알코올증후군에 대해 인지하면서 그녀는 자학적인 구타 습관을 토해내기나 비명으로 바꾸었다. 그때부터 그녀는 자신이 알 수 없는 고통에서 헤매고 있어야 될 사람이 아닌, 살아남은 자라는 새로운 자아 개념을 형성하기 시작했다.

이 정도의 고통을 겪는 사람은 많지 않다. 대부분 상대적으로 안전한 아동기를 보내기 때문이다. 우리의 분리경험은 대개 가볍고 사회적으로 용납될 정도의 수준이다. 그러나 TV와 함께 또는 음식이나 한두 잔의 와인으로 현실을 떠날 때에도 우리는 약간의 생동감을 포기하고 삶의 참맛을 잃어버리는 대가를 지불해야 한다. 사람들은 고지서 대금을 지불하고, 스키를 타러 가고, 친구들과 함께 웃기도 한다. 이러한 모든 행동이 참된 삶과 어떤 관계인지에 대한 물음은 단지 고요한 명상의 순간에 가능할 것이다.

배에 오르기

중독의 나선

약물중독이든 정신적 중독이든 그 과정은 중독의 나선(Addictive Spiral)
이라고 부르는 모형 속에 잘 나타난다. 중독의 나선은 참을 수 없는
경험과 함께 시작한다. 이것은 아주 고통스럽거나 아주 즐거운, 그렇지
않으면 신체적·정서적·정신적 생존에 대한 위협으로 감지되는 불가항력
적인 체험이다. 이러한 종류의 내상으로는 신체적·성적 학대, 심리적
학대, 자포자기, 행복해야 할 존재로서 인정받지 못하는 과거사, 자신이
무가치한 존재라는 느낌 등이 있다. 또한 쾌락의 감정도 견디기 어려울
때가 있다. 세 살 때의 기억이다. 집 앞에서 세발자전거를 타고 언덕을
내려가다가 페달이 너무 빨리 돌아가는 통에 발이 페달에 머물 수 없게
되었다. 나는 속도감에 스릴과 재미를 느끼면서 발을 뻗고 신나게 비명을
질렀다. 언덕의 맨 아래 지점에 다가갔을 때 아스팔트 위의 벽돌에 부딪쳤
고 급작스러운 감속으로 얼굴을 땅에 박아 코뼈가 부러지고 말았다. 그
순간의 충격적 경험을 통해 큰 즐거움, 특히 신체적 즐거움에는 위험이
따른다는 생각이 박혔다. 그 후 나는 젊은이로 성장하면서 무언가 신체적
으로 한껏 만끽하는 행동을 한 번도 해본 적이 없다. 즐거움을 만끽할
기회가 있을 때마다 주변 사람들은 내가 손가락으로 코 부위를 문지르는
것을 목격했다고 말한다.

또한 일에 파묻혀서 적극적 휴식을 외면하고 이에 따라 참으로 풍요로
운 생활이 위협받게 되면 우리 몸이 감당할 수 없는 경험(intolerable
experience)을 겪게 된다. 이렇듯 참기 어려운 상황은 몸을 긴장시키고
동요하면서 투쟁-도피(fight-flight) 반응을 유도한다. 따라서 우리는 그
상황에서 풀려나오기를 갈망하게 된다.

이러한 상태는 참을 수 없고 또한 오래 유지될 수 없기에 우리는 [중독] 나선의 다음 단계인 통제(control)단계로 이동하게 된다. 통제단계에 들어서면 몸에 대한 자아 각성 의식이 후퇴한다. 이때 느낌이 흐려지고 흥분을 연장시키는 신체적 감각을 회피하게 된다. 이것은 인지적 거부에 의해 나타남과 동시에 신체적으로 감각을 둔화시키고 억압함으로써 성취된다. 앞에서 말했던 것처럼 신체적 감각, 즉 촉각, 미각, 청각, 후각, 시각 등은 감성을 위한 순수질료이다. 이것들 없이는 감성이 시작될 수 없다. 기본적 감각이 무뎌지면 감성을 단절할 수 있다. 그러나 감각의 초기 데이터는 그곳에 그대로 남고 묻힌다. 프로이트는 이러한 과정을 승화(sublimation)라고 불렀다. 말하자면 승화란 의식각성 수준 아래로 감정을 밀어 넣어 무의식 속에 저장하는 것이다. 그러나 무의식은 다른 중요한 일을 담당해야 하기에 이렇듯 쓰레기통처럼 사용되는 걸 좋아하지 않는다. 그래서 꿈, 이상행동, 환상이나 다른 방식을 통해 그런 묻힌 감정이 있음을 보여줄 것이다. 현재의식이 원치 않는 이러한 감정을 느끼려는 무의식적 노력을 다루기 위해 그 느낌을 다른 것(사람)에 투사하곤 한다. 예를 들면 "모든 사람이 화가 나 있지만 나는 그렇지 않아" 또는 "나는 슬프지 않은데 슬픈 영화가 나를 울렸어"와 같이 말이다.

승화를 다루는 또 하나의 좋은 통제 메커니즘은 거부(denial)하는 것이다. 몸에서 감각이 빠져나갈 때 우리의 마음은 그 과정을 정당화하고 동의할 수밖에 없다. 거부는 신체적 탈감(desensitization)의 정신적 대응점이다. 거부는 어떤 것이 거기 있지 못하도록 하기 위해 없다고 말하는 것이다. 거부 행태는 중독자들에게 공통적이어서 중독을 진단하는 데 주요 수단으로 사용된다.

습관화된 몸의 움직임은 거부와 탈감을 나타내는 첫 번째 표징이다.

그것들은 문자 그대로 자아를 누그러뜨리는 대안이면서 원치 않는 감각으로부터 우리를 후퇴시킨다. 통제 현상은 전통 중독이론에서 잘 다루고 있지만 통제의 신체적 요인에 관해서는 아직 제대로 다루어진 바가 없다. 생각과 행동의 통제를 달성하기 위해서 몸은 긴장되고 닫히며 정신적 공백의 대안으로 사용될 수밖에 없다.

통제는 비싼 대가를 요구한다. 아주 많은 에너지가 소모되기 때문이다. 그것은 우리의 경험과 느낌이 수용할 만한 것인지 모니터하고 선택하는 데 개인적으로 엄청난 자원을 사용한다. 여기서 희생되는 것은 '살아 있음'의 느낌이다. 경험이 통제될 때마다 우리는 그만큼의 생동감을 희생하게 된다. 내게 치료받으러 오는 내담자들 대부분은 어떤 느낌을 버리고 다른 좋은 느낌을 얻기 원한다. 좋은 느낌을 갖기 원하는 것은 의미가 있지만 통제를 통해 그것을 이루려면 궁극적으로 실패할 수밖에 없다. 내담자들이 이것을 이해하는 데는 시간이 걸린다. 오히려 통제로 인한 긴장과 피로 때문에 고통을 겪게 된다. 또한 어떤 느낌을 선택하고 버려야 할지 판단할 수 없게 되어 정작 원하는 느낌마저 찾지 못하게 된다.

최적의 상황에서 자연스레 느끼고 감지하지 못하면 자아와 타인의 관계가 뒤틀리게 된다. 정확한 감지가 일어나는 것이 아니라 마땅히 해야 할 것, 불가능한 것, 하지 않아야 할 것 등의 여과 장치를 통해 왜곡된 감지가 이뤄지기 때문이다. 비록 거부와 탈감을 통해 감각은 상실했지만 느낌이 끝난 것은 아니다. 그것은 무의식 속에 깊숙이 묻혀 있을 뿐이다. 이러한 느낌에 이르면 자신과 타인이 모두 잘못되었다는 생각이 들고 심지어 느낌을 갖는 것 자체가 메스껍게 느껴진다. 이런 수치심에서 나오는 느낌은 중독 나선의 다음 단계인 제거(rejection) 과정을 예고한다.

중독에 빠지기 위해서는 두 종류의 느낌과 경험을 제거해야 한다. 그 하나는 가족이 싫어한다고 생각되는 느낌이나 경험이다. 어릴 적 우리가 화를 내는 것이 가족관계를 위협한다면 가족의 일원이 되기 위해 자신에게서 그 분노가 제거될 때까지 심리적 부담을 느끼고 위험에 처하게 된다. 우리에게서 그 감정(분노)이 떠나든지 아니면 우리가 가족을 떠나야 하는 위험 말이다. 하지만 어린아이에게는 선택의 여지가 거의 없다. (가족이 훨씬 중요하기에) 감정을 떠나보내야 하는 것이다. 그리고 그것과 함께 자아의 일부도 떠나게 된다. 문제의 감정을 없애기 위해 아이는 그것을 제거하고 '나쁜' 것으로 간주한다. 결국 가족 전체가 그것이 나쁘다고 여기고 있기 때문에 아이가 그 감정을 붙들고 있으면 나쁜 아이가 되고 만다. 하지만 그런 감정이 완전히 사라지지 않았다는 사실을 발견하면 그것을 막기 위해 신경을 곤두세워야 한다. 이때 아이가 살아남는 방법은 가족의 전략을 내면화하여 문제의 감정을 혐오하고 제거하는 것이다. 아이는 자신의 상황을 더 이상 가족이 참아내지 못한다는 사실을 알고 무시무시한 위협을 느낀다. 그 상황을 피하기 위해 분노를 [자신에 대한] 미움으로 바꾼다. 그리하여 점차 생존을 위해 자기 자신을 혐오하게 되는 것이다.

중독에 빠지기 위해 제거해야 할 다른 하나는 자기혐오에 방해가 되는 각종 경험이다. 자기혐오가 생존의 기본이 된 만큼 중독자들은 그것을 유지해야 한다. 그러기 위한 좋은 방법은 살아 있음을 확인하는 느낌들을 무시하고 거부하는 것이다. 나는 그런 느낌들, 가령 찬사, 유머, 성적 즐거움, 기쁨, 흥분 등을 지우기 위해 놀랄 만큼 오래 견디는 내담자들을 보았다. 나 자신도 그 문제에 있어서는 잘 참아내는 편이다. 현재 내가 맺고 있는 관계들이 너무 소중해서 많은 경우 무의식적으로 그런 느낌을 억제하기 위해 자신을 정비한다.

배에 오르기

자기 확신과 유머감각은 생동감을 나타내는 중요한 신호이기에 중독 과정의 내담자를 진단하는 데 그것을 사용한다. 유머감각을 보이거나 우리의 본원적 선함을 확인할 때 못 견디는 태도는 중독을 암시하는 신호이다.

자기혐오가 계속되고 있음을 확인하는 또 하나의 좋은 방법은 의도적이되 밖으로는 드러나지 않게 상황을 '엉망'으로 만드는 것이다. 가령 약속을 깨면서 다른 사람이 우리를 거절하게 만들 수 있다. 그럼으로써 우리는 자신의 잘못을 재확인한다. 이렇게 거절되는 과정에서 책임 있게 유지되던 자신의 성실함과 기쁨마저도 잃게 된다. 수치심과 자기혐오가 약속 이행보다 더 중요해지는 것이다. 약속을 이행하여 만족감이나 자기 확신을 주는 것이 원하지 않는 느낌으로 만들어질 때, 단순히 약속 장소에 나타나지 않거나 진실을 말하지 않는 일 또는 다른 사람의 권리와 재산을 존중하지 않는 일은 중독자에게 더욱 용이해진다. 불행하게도 이러한 제거 전략의 부작용 때문에 자아혐오감은 증대된다.

이 모든 제거 과정을 통해 세계는 우리에게 흑백으로 다가온다. 경험이 제한되는 것이다. 세상이 풍요로운 빛깔을 잃어버린다는 의미도 되지만 우리가 모든 것을 단순히 흑백의 카테고리로 나누면서 이원론적으로 생각하기 시작한다는 의미도 된다. 우리는 무작위 선택의 위대함을 잃기 시작한다. 이러한 경향의 좋은 예는 로널드 레이건(Ronald Reagan)의 내무 보좌관 제임스 와트(James Watt)가 말한 "여러분이 나무 한 그루를 보았다면 모든 나무를 본 것입니다"라는 표현에 잘 나타난다. 몸과 세상은 단지 개발되어야 하는 '대상'으로 나타날 뿐이다(와트는 화려한 숲이 펼쳐져 있는 것을 보고 "이것들을 모두 베어버립시다. 쓸모없는 숲이 많이 있습니다"라고 말했다). 흑백논리의 세계에서는 직접경험이 거의 불가능하다. 본질에 연결되는 우리의 능력이 주변으로 밀려나간다.

중독 나선의 마지막 단계는 주변 경험이 가져오는 도미노 효과와 관계가 있다. 왜냐하면 '나쁜' 경험의 통제와 제거 과정에서 에너지를 너무 많이 사용해서 어떤 경험이든지 참아낼 만한 가용자원이 거의 고갈되기 때문이다. 수치스러운 생각과 금지된 느낌, 감각을 가지고 있는 몸을 용납할 수 없기 때문에, 몸의 방어벽을 유지하기 위해 많은 시간과 에너지가 사용된다. 통제와 수치심을 유지하는 데 들어가는 끊임없는 비용을 감당하면서 안도감을 얻고자 한다. 세계의 직접경험으로부터 멀어져가는 바로 그 과정에 돌입한다. 즉, 취하거나 기분이 붕 떠 있는 환각 상태에 들어가는 것이다. 고통도 줄고 경험을 모니터하는 노력도 줄어드는 환각 상태를 즐기게 된다. 이때 중독성 물질은 아주 강력한 힘을 발휘한다. 그 물질들은 우리 자신의 경험을 대체하고, 우리는 안주하게 된다. 동작중독(movement addictions)도 그렇지만 우리 의식을 잡아 강제로 바꾸는 중독성 물질보다는 덜하다. 중독성 물질은 우리에게 통제 안에 있다는 안도감을 주고 보살핌을 받고 있다는 환상을 제공한다. 중독은 우리가 자기혐오라는 벌을 선고받고 복역하는 동안 위락용 영화를 계속 즐기도록 대형화면의 TV를 감옥 속에 갖다놓은 것과 같다. 중독 나선에서는 이것을 비동기화(非同期化, desynchronization)라고 부른다.

비동기화는 스텝이나 시간이 일치하지 않는 것을 뜻한다. 중독 상태에서는 우리의 내적 경험과 스텝이 맞지 않게 되고 그 때문에 외부세계와 엇갈리는 관계가 형성된다. 내부 인식의 한 부분을 제거하면 세상에서 일어나는 일이 무엇인지 정확히 읽을 수 없다. 세계가 우리의 자기혐오를 유지시키기 위해 공급하는 자양분으로부터 자신을 고립시켜야 한다. 바깥세상에 대해서도 우리의 어떤 부분을 부인하거나 용납하지 않는 가족

<그림 1 중독의 나선>

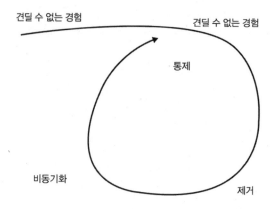

처럼 생각한다. 이런 생각은 자기혐오를 보존하는 데 필수적이다. 세계를 [자신을 용납하지 않는] 가족처럼 가정하면서 자기혐오를 떠받치는 핵심적인 믿음을 형성한다. "저 밖에 있는 세계는 잔혹하기 짝이 없어", "저들이 너에게 무언가 하기 전에 네가 먼저 해야 돼", "인생은 개 같고 너는 죽고 말 거야."

우리 몸은 이 비동기화를 확인하고 자신을 보호하기 위해 물리적 거리를 상정한다. 우리는 가슴을 움츠리거나 턱을 들어 올리고 어깨를 올리는 동작 등으로 미리 바깥세계에 대응한다. 모두에게 우리가 어떻게 취급되기 원하는지 보여주기 위해 완강하게 버티며 인상을 쓰고 몸통을 웅크린다. 본질은 안에 묻어둔 채 몸의 껍데기만 세계와 관계 맺으면서 표현된다. 이 신체적 자세는 전체 조직에 영향을 미친다. 특히 스트레스를 받을 때나 우리 행위가 위협받을 때는 그것을 잘 다룰 필요가 있다.

<그림 1>은 중독의 나선을 보여주고 있다. 그것은 즐겁든지 고통스럽든지 견딜 수 없는 경험(intolerable experience)과 함께 시작한다. 그리고

우리는 통제(control)를 사용하여 압도하는 느낌들을 제거한다. 동그란 구멍에 네모난 막대기를 끼우는 것같이 어긋난 상태일지라도 수용할 만한 형태로 몸을 길들여나간다. 이 제거 과정에서 본질적 자아와 현실의 찬란한 실제세계의 관계가 제거된다. 우리 자신과 환경에 대한 명확한 관계를 몸이 제대로 찾아내지 못하여 우리는 양쪽 모두와 잘 맞지 않게 된다. 이런 비동기화 때문에 우리는 부적절한 경험을 하게 되고 다시 견딜 수없는 경험을 맞게 되는 것이다. 그리고 그 사이클은 계속된다.

중독의 나선은 자연적 욕구를 승화하고, 느낌을 거부하여, 이 모두를 다른 것(사람)에 투사하기 위해 몸으로부터 감각을 없애버리려 한다. 이 과정은 거짓말을 수반한다. "내가 가지고 있는 이 느낌은 내 것이 아니야"라는 말의 근본 행위는 거짓이다. 우리는 자아 전체를 배신하면서 스스로 가롯 유다가 되어 자신의 분열 과정에 참여한다. 이것은 우리에게 정직(integrity)이 얼마나 중요한지를 알려준다. 자신이 거부한 것은 책임질 수 없기 때문이다. 우리는 책임지는 능력을 잃고 만다. 자신과 타인 모두를 신뢰할 수 없게 된다. 그리고 이 과정에서 자아혐오라는 내면의 집에 들보와 서까래를 쌓게 된다. 비동기의 과정으로 들어갈 때 환경으로부터 더 이상의 자양분을 지원받을 수 없다. 환경과 엇갈려 있기 때문이다. 신체와 정신, 영혼이 병들고 이러한 영양결핍은 부족과 결여의 느낌, 그리고 두려운 생각과 감정을 낳을 수 있다. 그 두려움을 통제하기 위해 우리는 중독되는 것이다. 그 중독과 단절되면 더 두렵고 견딜 수 없는 경험이 찾아올 수 있다.

중독은 욕구불만의 반복에 기인하기도 하고, 욕구가 충족되어 즐거움을 느끼면 벌을 받는다는 경험 때문에 일어날 수 있다. 또는 휴식 없이 계속되는 일과 같이 그 견딜 수 없는 경험 때문에 일어난다. 충족되지 못한 욕구는 몸 안에 끝없는 결핍을 가져오고 때로는 심연에 빠지고 싶은 갈망을 일으킨다. 우리는 이런 상태를 종종 탐닉(craving)이라고 부른다. 그것은 굶주림이나 비통함같이 공허한 아픔이다. 여러분 자신이 어두운 방에 있다고 상상해보자. 어둠이 두려울 것이다. 도움을 청하지만 아무도 오지 않는다. 두려움에서 벗어나거나 어둠을 없애기 위해 우리가 할 수 있는 일은 아무것도 없다. 안전에 대한 욕구는 충족되는 것이 아니라 바로 거기에 있다. 견딜 수 없는 것은 어둠이 아니라 바로 그 느낌인 것이다. 이것은 한계가 없는 느낌 같은 맛이다. 몸은 경계가 없는 감각을 오랫동안 견뎌낼 수 없다. 우리는 항상 자극과 경계를 필요로 한다. 그것이 없으면 감각박탈 연구에서 나타나는 것처럼 미쳐버릴 것이다(Murphy, 1992). 갓난아기가 울면 돌봐주는 사람이 안아준다. 이것은 문자 그대로 사랑하는 사람의 품이라는 경계 안에서 만날 수 있는 욕구충족의 보기이다. 무언가에 의해 경계가 형성될 때 편안함을 느낀다. 안전하고 따뜻한 기분을 느낄 수 있다.

채워지지 않을 욕구라면 갈망의 메커니즘을 꺼버려야 한다. 대체할 만한 것으로 그 열망을 충족시켜야 한다. 그 [공백의] 어둠이나 두려움을 제거해야 한다. 어둠을 떠나보낼 수 없기 때문 그 두려움을 감각에서 지워버려야 한다. 따라서 몸이 먼저 모종의 구제책을 찾으려 한다. 우리는 내적으로 이것을 위해 할 수 있는 것은 무엇이나 할 것이다. 숨을 멈추고, 감각을 억제하고, 긴장된 자세를 취하고, 그렇지 않으면 반복되는 동작으로 우리 자신을 어지럽힌다. 그리고 이 중 어떤 것도 충분치 않다면 관심을 밖으로 돌려 좀 더 강력한 구제책을 찾게 될 것이다.

생물 심리학 연구에서는 학습된 무력증(learned helplessness)의 조건을 규정해왔다(Kalat, 1988). 한 연구에서 도망갈 구멍이 없는 쥐에게 전기충격을 반복해서 주었다. 이어서 도망갈 여건을 만들어주고 쥐에게 충격을 가했더니 막대기로 휘저으며 자극했는데도 움직이려고 노력하지 않았다. 무기력하게 되는 상황을 학습한 것이다. 가혹하고 통제할 수 없는 고통 속에 있게 되면 누구든 그것에 길들여질 것이다. 휴식과 놀이, 명상 등으로 끊임없이 삶을 풍요롭게 하지 않으면 우리도 물론 그렇게 길들여질 것이다. 우리 몸은 자신을 돌보기 위해서 작동하지 않을 것이다. 실제로 우리는 무엇이 좋은지 판단하지 못하는 비자율적 상황에 길들여질 수 있다. 이렇게 되면 생존과 행복감의 기본이 되는 몸의 내부 정보가 단절되고 만다.

두뇌연구가 와이즈(R. A. Wise)와 보자스(M. A. Bozarth)에 의하면 중독이란 강화(reinforcing)하는 어떤 것을 향해 반복적으로 움직이는 조건이다(Wise, 1987). 이런 의미에서 중독이란 무언가에 접근하면서 학습된 무력증을 거스르는 몸의 시도로 볼 수 있다. "사랑할 수 없다면 병적 쾌감(euphoria)을 택할 것이다." "안전하지 않다면 망각을 택할 것이다." 우리는 얻을 수 있다면 무엇이든지 그것에 접근하는 식으로 움직일 것이다. 우리 몸은 단지 다가가고 그 접근을 지속할 뿐이다.

중독의 성숙

일단 중독 과정이 우리 몸에 새겨지면 그것은 욕구박탈과 한정된 시야에서 계속되는 보상경험을 연료로 자체의 가동력과 함께 지속될 수 있다. 그래서 중독은 우리가 성장하면서 함께 성장한다. 한창 발달 과정에 있는 어린 시절에는 점차 복잡해지는 즐거움과 고통의 감각을 둔화시키기 어렵다. 몸의 활동만으로 이것을 막아내기에는 충분치 않기 때문이다. 경험의 영역이 신체적 생존 상태를 넘어서면 우리의 느낌과 생각은 욕구 박탈감으로 고통을 겪을 수 있다. 따라서 그에 대한 보상으로 고통을 경감시키고 즐거움을 대체하는 물질을 더 많이 복용하게 된다. 굳건히 지키고 있는 부정적 믿음(가령, "결코 충분할 수가 없어" 또는 "나는 사랑받지 못할 거야")과 함께 약물남용이 실제로 이루어지고 공동 의존의 복잡한 행태가 탄생한다. 그러나 초기 움직임 행태의 흔적은 계속 남게 된다. 구부정한 자세, 어깨 치켜 올리기, 또는 머리 기울이기, 머리칼 잡아 뜯기, 손가락 튕기기와 같은 신경증적 행동은 사회적으로 용납 가능한 수준으로 수정되어 우리에게 여전히 남아 있는 것이다.

나는 내담자들의 경험은 물론 나의 경험을 통해서 중독의 단계적 성숙이 마치 집을 지으려면 청사진을 따라야 하듯이 개인의 발달단계를 따른다고 믿게 되었다. 중독은 고통에서 벗어나기와 즐거움 향하기라는 두 방향을 거치는 특징적 구조를 지닌다. 그것은 앞서 묘사한 나선 과정과 그 결과를 따르게 된다. 몸에서 발견되는 박탈(deprivation)의 초기 경험, 그리고 유전적 조건으로부터 남겨진 흔적을 따라 흐른다.

우리는 중독의 연속단계에서 이런 패턴을 발견하고 처치하는 동시에 그 길을 따라 적절히 개입함으로써 중독의 뿌리로 뚫고 들어갈 수 있다.

경계(Boundary)로서의 사랑

중독은 또한 인간의 최대 욕구인 조건 없는 사랑의 실패로서 나타난다. 사랑에 조건을 달 때 우리는 특별한 조건 아래서만 대상이 특별하게 보이거나 원하는 식으로 행동할 때만 사랑하게 된다. 이런 식의 사랑에서는 자신과 타인의 일정 부분만 사랑하기 위해 통제와 관리에 상당한 노력을 기울여야 한다. 우리는 어떤 사람이 사랑받을 자격이 있는지 끊임없이 모니터해야 한다. 또한 그 조건부 사랑을 극대화하기 위해 총체적 퍼스널리티를 개발한다. 샘 킨(Sam Keen)에 의하면 "우리 모두는 반복되는 일상, 역할, 그리고 그것으로 인해 굳어질 수밖에 없는 퍼스널리티 중독에 걸려 있다". 사랑은 공기, 물, 햇빛 같은 것이다. 사랑 없이는 살 수 없고 그것에 빠지면 강렬한 즐거움을 느낀다. 어떻게 행동하느냐에 따라 조건부 사랑이 주어진다면 우리는 그것에 맞게 행동하면서 성장한다. 그것은 마치 필요에 의해 사랑을 얻으려는 행위처럼 보인다. 그 행위는 즐겁고 사랑 자체를 강화시킨다. 이것은 중독의 두 번째 뿌리인 사랑의 즐거움에 관한 욕구이다.

몇 달 전 치료 과정에 있는 알코올 중독자가 나를 방문했다. 회복 과정에 임한 지 석 달째 되는 날 그녀는 내게 와서 그 주에 하루 술을 조금 마셨다고 보고했다. 흔히 그렇듯이 그녀는 남자친구와 아주 가까이 잘 지냈기 때문에 그 주가 좋았다는 식으로 이야기했다. 술을 마시게 된 것은 남자친구와의 성관계 후, 그가 직장에 가고 없을 때였다고 한다. 말을 하는 동안 그녀는 몸을 구부정하게 구부리고 조금씩 흔들며 꿈질대었다. 몸 상태가 어떠냐고 물었더니 그녀는 아침까지 술이 덜 깬 상태로 일어났기 때문에 정신이 없다고 웃으며 설명했다. 주의를 안으로, 몸으로 돌려보라고 요청하니까 그녀는 걱정하며 거북해했다. 내가 격려하면서 유도하자 그녀는 가까스로 자기 목구멍 언저리에 잠긴 강한 느낌을 이야기하기 시작했다. 나는 그녀에게 그 느낌을 없애기보다는 느낌이 일어나도록 허용하라고 일렀다. 그러자 그 느낌은 숨이 막힐 것 같은 상태로 진전했다. 갑자기 그녀는 어렸을 때 자신을 학대하던 알코올 중독자 아버지가 그녀에게 집안을 뛰어다니지 말고 조용히 하라고 소리치고 두 손으로 그녀의 목을 흔들고 조이던 일을 기억해냈다. 순간 그녀는 진한 눈물을 흘렸다. 그리고 이 사건과 또 다른 경험으로부터 너무 행복해지면 좋지 않은 일이 일어난다는 것, 진정으로 큰 즐거움은 위험하다는 사실을 깨닫게 된 것이다. 음주는 그녀가 정말 행복해지려는 순간 그것을 억제하는 한 방법이었던 것이다.

중독은 두 방향에서 일어난다. 하나는 욕구박탈의 고통을 마비시키는 것이고 다른 하나는 욕구충족의 기쁨, 특히 사랑에 대한 욕구를 마비시키는 것이다. 사랑은 욕구인 동시에 즐거움이다. 그것이 있기에 삶은 우리를 포용할 수 있다. 사랑하고 사랑받을 때 우리는 자신과 주변의 다른 사람들을 새롭게 포용한다. 그 포용 안에 만들어지는 경계가 바로 우리 몸의 진정한 집이다. 그것은 차가운 밤에도 따스하게 몸을 덥혀주며 강렬한 빛으로 주위를 감싼다.

3. 원-투-스리 왈츠: 중독 패턴의 몸

나는 와인의 담백한 맛을 즐기기 위해
혹은 신앙을 비웃기 위해 술을 마시는 것은 아니다.
오직 그 순간 자신을 잊기 위해, 도취해서 홀로 되기 위해 마신다.
— 오마르 하이얌(OMAR KHAYYAM)

우리는 무심결에 [반복되는] 움직임을 통해 몸을 떠난다. 이 움직임은 마음이 편안하지 않은 상태를 보여주는 신호인 동시에 그 거북함을 경감시키는 호흡 패턴, 동작, 자세 같은 것들이다. 이 움직임은 또한 몸을 편안하게 달래준다. 내담자들에게 그 꼬리표 움직임을 따라서 자신의 내면으로 들어가 보라고 권하면 흥미로운 사실이 드러난다. 감각의 상실, 소외감, 무언가 잘못되었다는 느낌, 죽음에 대한 공포감 등이 그 안에 자리 잡고 있었다. 몇 년 전에 자살을 기도했던 내담자에게서 이런 사실은 극명하게 나타났다. 그녀의 꼬리표 움직임은 머리를 가슴께로 떨어뜨리면서 시작했다. 그리고 그녀는 패닉에 빠질 정도로 숨을 헐떡거리다 고개를 쳐들고 나를 똑바로 바라보면서 소리쳤다. "이런 느낌을 갖느니 차라리 죽는 게 나을 것 같아요." 음식 중독과 전쟁을 벌이던 또 다른 내담자는 아주 단순한 동작을 보여준 이후에 "나는 혼자야, 나는 혼자란 말이야. 아무도 없어!"라고 비명을 지르며 절규했다.

나는 내담자들을 통해 이러한 움직임들이 어린 시절 경험에 기원을 두고 있음을 깨달았다. 어린 시절의 신체적 욕구와 내가 연구하는 움직임 및 행태의 연결점이 몇 차례 확인된 것이다. 우리가 어린 시절 충족되지 못한 욕구 때문에 감각 둔화가 일어났고 욕구가 박탈되는 느낌이 다시 찾아올 때 이런 습관적인 동작이 발달된다는 것이다. 그 꼬리표 움직임은 자신을 편안하게 만드는 제스처였다. 무언가를 붙잡기 위한 시도이기도 했고 가볍게 두드리며 달래기 위한 노력이기도 했다.

많은 경우 이런 박탈감은 내담자가 언어를 사용하기 전의 생활에서 기원하고 있다. 어릴 때 부모나 보호자로부터 제공되는 따뜻함, 자양분, 관심, 신체적 안전과 같은 것에 대한 초기 욕구불만이 원인이 된다. 이런 습관적 움직임이 연속적으로 이어진다는 사실 또한 흥미롭다. 예측 가능한 사건의 흐름이 신체 상태와 맞물려 다음과 같이 나타났다.

1. 느낌, 기억, 감각이 일어나기 시작한다.
2. 습관적 움직임이 시작되어 상기 느낌이 정지할 때까지 반복된다. 그렇지 않으면 그 움직임은 [그 느낌에 대한] 이야기 안에 맡겨진다. 그 반복적 움직임은 매우 강렬하여 멈출 수 없는 것으로 경험된다.
3. 내담자는 그 움직임에 깊이 연결되어 있어서 그것을 아주 편안하게 느끼고 그것을 방해하는 어떤 시도에 대해서도 반감을 갖고 저항한다.
4. 그 꼬리표 움직임은 점차 줄어들기 시작한다. 내담자는 감정이 가라앉으면서 우울감이나 절망감, 분노 등을 느낀다. 그러면서 주로 다음과 같은 넋두리를 한다. "아무것도 변한 게 없어", "나는 결코 여기서 벗어나지 못할 거야" 또는 "나는 그것을 할 수/가질 수 없어"라고 말한다.

5. 비난한다. "나는 무언가 잘못된 일을 하고 있는 것이 틀림없어" 또는 "당신[치료사나 친구들]이 그걸 이야기하지 않았다면 훨씬 더 나아질 수 있었는데"라고 비난한다. 그 마지막 결과는 자기혐오와 수치심으로 나타난다.

내가 처음 몸을 통해 나타나는 중독현상의 가능성에 실마리를 찾은 것은 이렇게 중독 과정이 연속적이고 그 과정에 대한 내담자들의 묘사가 비슷했기 때문이었다. 그래서 나는 중독에 대한 새로운 정의를 내리게 되었다. 중독이란 계속된 욕구박탈 때문에 어린 시절에 형성된 인간의 고정된 신체반응이다.

그 반응을 통해 우리는 박탈된 욕구라는 고통에서 빠져나오고 욕구충족이라는 쾌락 경험의 대체재가 마련되는 셈이다. 자신의 몸을 떠남으로써 우리는 고통이나 주체 못할 쾌락으로부터 풀려난다. 필요할 때 몸을 떠남으로써 한동안 진정되고 편안해진다.

앞서 언급한 바와 같이 우리의 기본적 욕구는 무조건적으로 사랑받고 있다는 사실을 경험하고 아는 것이다. 사랑받기 위해 우리 자신이 아닌 다른 사람이 될 필요는 없다. 누구에게나 사랑받을 자격은 내재한다. 이상적으로 말하자면 갓난아기는 그를 기꺼이 돌보고 인정하는 부모로부터 무조건적인 사랑에 대한 첫 경험을 한다. 무조건적인 사랑은 반드시 끊임없는 관심과 칭찬을 요구하지 않는다. 그것은 곤란하거나 불편한 상황에서도 줄어들지 않는 관심이며 거두어지지 않는 기본적이고 적극적 호의를 의미한다. 앨리스 밀러(Alice Miller), 존 브래드쇼, 게이 헨드릭스와 캐슬린 헨드릭스 등을 포함하는 많은 심리학자와 저자들은 공통적으로 다음과 같이 주장한다. 치유되지 않은 상처를 가진 사람(우리 대부분)이면 누구나 그들의 옛 고통을 자극하는 사람의 관심과 배려에서 멀어지려 한다는 것이다. 우리가 자신을 위축시키는 데 원인이 되었던 것과 동일한 종류의 경험에 직면할 때 관심과 배려는 생각할 수조차 없다. 어릴 때 부모가 우리를 조건부로 사랑하지 않도록 하기 위해 우리는 부모가 원하는 것이면 무엇이든지 시도한다. 우리 자신이 되기 위한 것보다 부모의 욕구를 충족하기 위한 태도가 중독의 기본이 된다. 사랑을 위한 욕구는 순수한 자아로 남기 위한 욕구보다 생존가치를 갖고 있다. 사랑을 얻기 위한 노력 안에서 희생되는 순수한 행위는 매우 고통스럽고 미친 짓이지만 우리를 계속 살아남게 해준다.

고통은 [누구에게나] 일어난다. 보통 고통은 경험되고 끝난다. 그러나 고통이 해결되지 않은 채 계속해서 다시 경험되면 그것은 고문이고 무의미하고 참을 수 없게 된다. 결국 몸은 그것을 줄이기 위해 자동적으로 행동을 취하게 된다. 무엇이 [고통스러운] 느낌을 가라앉히려는 신체적 움직임의 필요를 창조하는가? 몸에서 중독은 어떻게 인식되는가? 중독성 행태는 다음과 같이 다섯 가지 특성을 지닌다. 그리고 이 다섯 가지가 모두 나타나야 중독이라고 볼 수 있다.

1. 반복성
2. 발달의 결핍
3. 불만족
4. 미완성
5. 바라보기가 불편함

첫 번째 나타나는 중독 행태의 특성은 반복이다. 그 움직임을 반복하고,

반복하고 또 반복한다. 이것은 고통을 없애주고 편안함을 준다. 이런 행태는 어린아이에게서 보이는 흔드는 동작과 유사하다.

둘째, 그 행태는 발달이 정지되어 있다. 그것은 변화하거나 어디로 가지 않는다. 항상 같은 동작이고 같은 느낌을 주며 같은 결과를 낳는다. 턱이 긴장되어 당겨졌을 때 반복적인 당김 동작이 일어나지 않고 화를 내도 턱이 당겨지지 않고 애초의 분노라는 순순한 느낌으로 발전되지 않는다. 그것은 다람쥐 쳇바퀴 돌듯이 제자리를 맴돈다.

셋째, 그 행태는 만족스럽지 않다. 그것은 한동안 편안한 느낌을 주지만 무언가 불투명하고, 죄의식이 들며, 멍하거나 우울한 느낌을 갖게 된다.

넷째, 그 행위는 자체 완성도가 떨어진다. 작용하는 에너지 측면에서 볼 때 그것은 완성되지 못한 채 있다. 그것은 부분적 노력처럼 보일 것이다. 내 내담자 중 하나는 무언가 생각할 때마다 습관적으로 손가락을 이 사이에 넣고 깨문다. 그것은 깨물기의 미완성처럼 보인다. 그녀 스스로 이 동작을 가만히 탐구해보았을 때 그녀는 정말로 깨물기를 원하고 있음을 발견했다고 한다.

다섯째, 중독성 행위는 쳐다보는 것조차 불편하다. 관찰자는 일반적으로 지루해지거나 위축되고, 비판적이 되거나 좌절하고 화가 나게 된다. 몇 년 전 대화 내내 머리 묶음을 끊임없이 만지작거리는 거식증 내담자가 있었다. 그가 그럴 때마다 나는 다가가서 그 머리 묶음을 확 잡아채고 싶은 욕망이 일었다.

다른 사람의 중독 과정을 관찰하다 보면 자신의 중독성 경향이 자극되는 경우가 많다. 치유 과정에서 중독된 사람에게서 빠져나올 수 없다면 자신의 중독성을 실행하고 싶은 욕구가 생긴다. 내 경우 그 거식증 내담자의 머리채를 잡아채고 싶은 욕망이 일었을 때 내 엄지가 검지를 문지르기

원-투-스리 왈츠

시작하고 있음을 발견했다. 치료사들은 가끔 이런 불편한 느낌을 역감정전이(countertransference)라고 잘못 해석하기도 한다. 즉, 치료사들은 내담자를 통해 자신이 풀지 못한 문제의 반향으로 스스로 좌절감을 맛본다는 것이다. 이것은 어느 정도 사실이지만 치료사는 자신의 느낌을 자극한 것이 무엇인지 인식하고 자신의 잠재적 중독에 관해 호기심을 갖기 시작할 수 있다는 점이 더욱 중요하다.

중독 과정에서 우리는 중독성 물질이나 행태에 의해 편안함을 끌어내면서 몸의 느낌을 둔화시킨다. 탈감(desensitization)과 분리(dissociation)는 우리를 고통에서 막아주고 중독성 물질이나 행태에서 오는 환각적 느낌으로 자신을 덮어버린다. 일례로 우리는 술을 마시기 위해 그 알코올이 우리를 구역질나게 하거나 두통을 준다는 몸의 메시지를 무시해야 한다. 탈감과 환각은 배수진을 치며 중독 과정을 만들어낸다.

몸을 떠나기 위해 우리는 어떻게 몸을 사용하는가? 먼저 우리는 신체적 경험을 둔화시키고 무감각하게 만드는 반복적인 제스처를 이용한다. 의자에 가만히 앉아 10분 동안 몸을 앞뒤로 움직이며 그 움직임이 얼마나 우리를 편안하게 해주는지 관찰해보라. 흔들의자는 사실 이런 아이디어에서 나온 것이다. 이런 반복적인 움직임은 종종 갓난아이들이 즐겨 사용하지만 정신질환증세의 내담자와 자폐증 환자들에게도 많이 나타난다. 성인들은 스트레스를 받을 때 손톱을 깨문다든지, 머리카락을 헝클거나 발로 땅을 가볍게 두드리면서 이러한 원초적 전략을 종종 사용한다.

다음 단계는 긴장을 탈감효과로 이용하는 것이다. 연구결과 근육을 긴장시키면 그 긴장된 부분의 감각이 증가한다. 근육 속의 신경이 수축됨과 동시에 수축으로 인한 뇌 감각의 피드백에 의해 감각작용이 매우 활성화된다. 그러나 긴장이 계속되고 만성화되면 신경감각들은 스스로

소모되는 경향이 있고 긴장의 정도에서 큰 변화가 있을 때에만 감각 메시지를 전달한다. 다른 말로 긴장이 만성화되면 신경 시스템은 그것을 무시하기 시작하고 다른 일에 신경을 쓰기 시작한다(이것에 대한 예외는 긴장이 실제로 주변 조직의 손상에 원인이 될 때이고 그 경우 손상된 조직은 크게 불평한다). 친구가 당신의 어깨에 손을 대어보고는 어깨가 너무 경직되어 있다고 이야기한 적이 없는가? 여러분이 어깨에 특별히 신경을 쓰고 있지 않았기 때문에 놀랐을 것이다.

우리는 한 번에 한 가지 일에만 주의를 기울일 수 있다. 우리가 스스로를 몸으로부터 떠날 수 있는 또 다른 방법은 다른 일에 주의를 기울이는 것이다. 중독에 걸린 사람들은 지금 현재의 경험으로부터 스스로를 떠나보내기 위해 두 가지 방법을 공통적으로 사용한다. 그 하나는 지(知)적으로 되어 오로지 생각에만 몰입하는 것이다. 안네 윌슨 셰프는 그것을 "악취를 내는 사고 작용(stinking thinking)"이라고 불렀다. 우리는 합리화, 구실 만들기, 공상하기, 개념화 그리고 분석 등에 쉽게 길들여진다. 또한 어째서 우리가 이런 식으로 가는지 훌륭한 설명을 곁들일 수 있다. 그 설명이 테크닉 면에서 아무리 정확할지라도 결국 이런 사고 작용은 자신을 몸으로부터 떠나보내는 일, 세계의 직접경험을 벗어나는 일로서 사용된다.

자신을 [몸으로부터] 떠나보내는 또 다른 좋은 방법은 주변 환경에 예외적인 주의를 기울이는 것이다. 바깥 세계에 무슨 일이 벌어지는지 집중함으로써 우리는 공동 의존의 원초적 행태를 찾아볼 수 있다. 중독 현장은 공동 의존 현상의 기록과 논의가 빈번히 이루어지는 포럼이었다. 왜냐하면 그 구성원이 안전을 느끼고 사랑받기 위해 다른 구성원들의 눈치를 지나치게 보는 문제의 가족에서 중독이 발생하기 때문이다. 이렇게 자아의 바깥에 주의를 두면서 실제로 기능을 수행하는 동안 그 기능은 신체적

원-투-스리 왈츠

탈감의 주인공 역할을 하게 된다. 우리가 끊임없이 바깥을 보고 있는 동안 몸을 간과하고 있는 것이다.

[지금 여기의] 주의력을 분산시키기 위해 흘러가는 생각같이 내면적인 것이든 과도하게 눈치 보기같이 외적인 것이든 신체적 과정이 사용될 수 있다. 몸이 우리를 분산시키는 생물학적 방식을 주목해보자. 활동항진이나 근심은 아드레날린, 즉 전투 상태나 위험에서 빠져나오려 할 때 아드레날린 분비선에서 생산되는 호르몬에 의해서 부분적으로 만들어지는 신체적 현상이다. 더 많은 아드레날린이 분비되면 더욱 초조해지고 날카로워진다. 이런 느낌에 더 휩쓸리면 더 많은 아드레날린이 분비된다. 우리의 몸, 감정, 생각들은 더욱 위협적인 각성 상태에서 자신을 지키기 위해 피드백 고리를 형성한다.

우울증(depression)은 일종의 일반화되고 조직화된 탈감현상이다. 우리는 우울할 때 몸을 떠나기 위해 무드와 신체활동의 수준을 사용한다. 그것은 음악의 가사를 들을 수 없도록 스테레오 하나를 꺼버린 상태와 비길 수 있다. 우리 몸에 저장되어 있는 고통의 소리를 듣지 않도록 우리는 우리의 신체적 기능, 느낌, 심지어 생각까지 꺼버린 것이다. 그것은 끈질긴 신체의 메시지를 외면하도록 디자인된 탈감제이다. 우울은 문자 그대로 우리를 활기 있고 행복하게 하는 호르몬, 효소, 신경전달물질(뇌 화학물질)의 분비를 늦춤으로써 몸의 화학성분을 바꾸어놓는다. 이것은 우리를 더욱더 우울증에 빠지도록 만들고 그것은 생화학적 피드백 고리를 통해 우리의 생기를 더욱더 감소시켜나간다.

두 가지 다른 방법에 의해 우리 몸의 탈감이 성취될 수 있다. 그것은 호흡과 자세를 통해서이다. 호흡을 차단함으로써 느낌과 감각을 차단할 수 있는 방법은 몸 중심 심리치료사들, 가령 빌헬름 라이히, 알렉산더

로웬(Alexander Lowen), 스탠리 켈러맨(Stanley Keleman), 게이 헨드릭스 등에 의해서 주목을 받아왔다. 호흡이 충만할수록 느낌이 더 많아진다는 것이다. 호흡을 억누름으로써 우리는 느낌을 차단할 수 있다. 또한 자세도 느낌과 감각에 영향을 줄 수 있다는 사실도 주목을 받아왔다. 우리가 즐거운 느낌일 때는 자세가 곧고 걸을 때 키가 커지지만 우울할 때는 자세가 무너지고 구부정하게 된다. 그 역도 성립한다. 자세가 구부정하면 슬픔이 강렬해지고 오래간다. 그래서 우리가 다른 각성 상태를 피하기 위해 우울한 느낌을 필요로 한다면 이런 느낌이 그대로 유지되도록 자세를 무너뜨리고 구부정하게 지내면 된다.

중독 행태는 반복적이고 같은 상태를 유지하며, 충족되지 않고, 미완성 상태이며 보기가 역겹다. 중독성 행태로 판단되려면 이 모든 특질이 나타나고 특히 몸에 나타나야 한다. 우리 시대의 많은 중독 이론가들은 중독이 우리 사회에서 예외라기보다는 주류를 이루고 있다고 믿는다. 약물과 알코올 중독, 니코틴 중독, 음식 중독과 과정 중독(사랑, 도박, 섹스)이 더해진다면 우리 인구 중 경종을 울릴 만한 숫자가 중독 상태에 있음을 알게 된다. 중독의 정의에 반복적이고 변화가 없으며 충족되지 않고 미완성이며 우리가 사랑하는 사람들에게 역겨운 모습을 보이는 모든 것이 포함된다면 과연 누가 정상인으로 남겠는가?

이런 의미에서 중독은 인간의 조건만큼이나 불가피한 질병이다. 불교인들은 중독을 "습관 에너지(habit energy)"라고 부르며 각성과 생동감이 습관적인 경향에서 풀려나오는 것이라고 했다. 존 브래드쇼는 중독이 항상 생명을 손상하는 결과를 낳는다고 말한다. 그뿐만 아니라 정도가 덜한 중독도 생명을 제한한다고 말할 수 있다. 생명 손상과 생명 억제의 차이는 특정 인물들의 타고난 불균형 혹은 화학적 불균형에서 발견할

<그림 2>

생명위협 ⟶ 생명손상 ⟶ 생명제한 ⟶ 생명촉진

수 있다. 우리는 극심한 중독물질 남용이 자기 파괴의 성향을 낳는 독립적인 생물학 메커니즘에 의존하고 있음에 대한 실질적 가능성을 계속 조사해야 한다. 생명 억제 행태 역시 계속 주목해야 한다. 여기서는 중독을 치유해야 할 상처라기보다는 우리 자신이 자유롭게 성장하고 변화하며 인간으로서 좀 더 확장되고 행복해질 수 있는 기회로 보아야 한다.

모든 중독은 코카인 중독이든, 쇼핑 중독이든, 부정적 생각이든 위에서 언급한 것과 다르지 않다. 그것들 모두에서 공통된 과정과 기능저하(dysfunction)의 연속성을 관찰할 수 있다. 회복 과정도 같은 선상에 있다. <그림 2>는 중독에서 회복으로 그리고 변화의 성장(transformational growth)으로 나아가는 연속 과정을 보여준다.

몸에 많은 양의 독성 물질(toxin)이 들어올 때 삶은 위협받게 된다. 장기적 질병이 원인이 된 중독이든 가족이나 사회구조의 문제에서 발생한 중독이든 간에 우리의 삶은 손상된다. 성장에 실패할 때, 스스로를 진정시키거나 집착에서 벗어나지 못할 때, 그리고 다른 사람들에게 만족스럽게 기여하지 못할 때, 그만큼 우리의 삶은 제한된다. 반면 우리가 자신의 행복과 다른 사람들의 행복을 위해 헌신할 때 삶은 촉진된다. 삶이 위협받는 수준에서 삶을 촉진하는 수준까지 건너가는 것은 엄청난 단계를 넘는 것이다. 우리 중 일부는 삶에 의한 내상이 덜하고 다른 사람들보다 짧은 거리를 간다. 그 거리가 어떻든지 몸을 다시 찾고 다시 점하는 것은 행복을 확인하는 분명한 길이고 멋지고 아름다운 삶과 다시 연결되는 길이다.

방어경계 다시 만들기

　적당한 경계가 없고 무지와 무력감 때문에 그 필요성이 계속 요구될 때 우리는 약간의 미풍에도 쓰러지지 않도록 방어구조물을 세워야 한다. 이 방어선은 자연적 경계가 제대로 작동하지 않을 때 스스로 세우는 두 번째 경계선이다. 방어선은 우리를 위협하는 것들을 안팎으로 지켜낸다. 그것은 "최악의 상황도 두렵지 않다"면서 신호를 보내는 갑옷이다. 그래서 사람이나 일과 만날 때 직접 접촉 대신에 흔히 적응 과정의 전초전을 거친다. 우리 모두는 심각한 실제 위험에서 자신을 방어할 수 있어야 하기 때문이다. 그리고 이런 능력은 단세포 생물에서 시작하는 [진화] 과정에서 조상으로부터 유전적으로 물려받았다. 조상들의 방어전략이 우리에게 전해진 것이므로 그것들을 들여다보는 것은 흥미로운 일이다. 위험에 처했을 때 복합 동물로서 우리가 선택할 방어전략은 세 가지가 있다. 즉, 전투(fight), 도피(flee), 그리고 꼼짝하지 않는 것(freeze)이다. 다음은 인간의 방어전략 특성을 다양한 동물들에 빗대어 기술한 것이다.

전투

　오소리. 공격이 최선의 방어인 전투형. 상대의 크기에 관계없이 상대가 아주 위협적이더라도 분노와 결단으로 상대를 대적함. 이런 유형의 인간

원-투-스리 왈츠

은 기운을 턱과 팔에 싣고 앞으로 폭발적으로 나아가는 움직임의 패턴을 갖고 있다. 이 전략은 가만히 앉아 있다가 갑자기 놀라운 분노를 폭발시키는 경향의 사람에게 적용된다.

곰. 크기와 기운 그리고 위협적인 고함을 사용하는 전투형. 힘을 과시하기 위해 크게 보이도록 자세를 바꿈. 곰의 온순한 상태를 넘어서 포악해짐. 이런 유형의 인간은 팔을 주로 뻗어 사용하지만 기운을 몸 전체로 분산시킨다. 이런 사람은 느리고 민첩하지 못하다고 생각되지만 반드시 그렇지는 않다. 이런 종류의 사람은 전형적으로 겁을 집어먹고 있거나 기분이 안 좋은 상태에 있는 사람이다. 그런 때에 가족들은 가급적 그를 피하는 것이 좋다는 것을 안다.

도피

가젤. 빠른 속도와 민첩함을 사용하는 도피형. 이런 사람의 몸은 고도의 주의력, 큰 눈, 어떤 각도에서든 위험을 감지하고 도망갈 수 있는 능력을 갖추고 있다. 이런 방어책의 고전적 유형은 "나 잡아봐라!"라는 전략적 행동형이다. "상황이 안 좋아지면 나는 도망가면 된다"는 식의 이 유형은 세상을 두렵고 자신을 압도하는 것으로 감지한다. 그런 사람은 상대와 강렬한 상호 관계에 머물지 못한다.

들개. 속도와 함께 안전선에 이르기 위해 돌파력과 날쌘 움직임을 사용하는 도피형. 이런 유형의 몸은 웅크리고, 무게중심을 아래쪽에 두며, 강한 다리를 가졌다는 특징을 갖는다. 이 전략은 파악하기 어렵다. 여러분이 이런 유형의 사람과 의미 있는 대화를 갖고 있다고 생각하는 순간 그들은 이미 어디론가 떠나버리고 여러분은 멍하니 주변을 둘러보고 있을 것이다. 이런 유형은 상대의 주의력을 분산시키고 숨어버리는 전략을 사용한다.

결빙

토끼. 여러분이 눈치 채지 못하도록 완전히 얼어붙어 버리는 결빙형. 부동을 통한 은닉술을 발휘한다. 이런 종류의 사람은 오랜 시간 몸을 움직이지 않은 채 있을 수 있다. 이러한 방어술은 다른 방어 수단이 전혀 없는 동물들처럼 어린아이들이 잘 이용한다. 그것은 결빙이 위협을 물러가게 한다는 가정 아래 작용한다.

카멜레온. 환경에 잘 맞추어나가면서 숨는 결빙형. 환경 속에 은닉한다. 이런 사람의 몸은 적응력이 뛰어나다. 그것은 주위에 누가 또는 무엇이 있든지 그 특징에 맞추어 그 속에 자신을 잘 조화하면서 숨는 책략과 속임수를 이따금 사용한다. 이 유형의 사람은 갈등이 최소화되도록 상대방과 잘 화합한다.

주머니쥐. 죽은 것처럼 행동하여 문자 그대로 생명기능을 잠시 정지시키면서 공격자가 흥미를 잃도록 만드는 결빙형. 이런 사람의 몸은 금방 창백해지고 호흡이 매우 얕다. 이 행태는 삶이 너무 위협적이어서 차라리 죽는 것이 나을 것 같은 자살 시도형의 인간에게 전형적으로 나타난다. 이런 전략은 마지막 생사의 갈림길에서만 혹은 감정이나 생각이 생명을 위협하는 상황에서 사용된다. 나는 의자에 누워서 4시간을 꼼짝 않고 있다가 갑자기 일어났으나 자신의 행동을 전혀 기억해내지 못했던 내담자에게서 이런 전략이 사용되는 것을 보았다. 그는 어릴 때 심하게 구타당했었고 자살을 시도한 적이 있었다.

거북. 눈에 보이게 남아 있지만 뚫리지 않는 두꺼운 껍질 속으로 수축해 들어가는 결빙형. 몸은 움직이지 않고 표현은 줄어든다. 종종 완고한 성격으로 해석된다.

인간의 몸도 이러한 테크닉에 낯설지 않고 스트레스를 받을 때면 그것들을 사용한다. 우리가 위협받을 때는 어린아이처럼 몸이 얼어붙는 것이 유리하다. 전투는 극심한 폭력이나 지나치게 거친 플레이에 노출될 때 잘 사용된다. 스트레스를 받을 때 여러분 자신의 몸의 전략을 주목해보고 앞서 언급한 동물 방어전략 중 어느 것과 유사한지 알아보라. 이 패턴 중 한두 개 이상의 복합적인 것이 여러분에게 익숙하지 않은가? 그것들 중에 어느 것이 여러분의 가족 구성원의 방어전략과 일치하는가?

우리는 보통 다른 사람의 방어선을 인식할 수 있고 자신이 감응하는 방어선도 종종 느낄 수 있다. 그렇지만 자신의 경계(boundary)를 만들어내는 방법을 배우면 방어의 필요성이 상당 부분 제거될 수 있다. 경계는 신체적·감성적, 그리고 인지적이다. 그것들은 "이것이 나의 한계이다"라는 간단한 언급으로 대표된다. 그것들로 우리 자신이 한정되고 스스로를 돌볼 범주가 형성된다. 그것들로 우리는 자신과 타인에게 규정된다. 이러한 경계들은 일관된 욕구충족 과정을 통해 만들어진다.

배고픔과 같은 기본적 욕구를 살펴보자. 그것은 위가 동요하면서 수축됨과 함께 시작한다. 몸으로부터 요구를 알리며 오는 신호를 통해 일련의 행위가 착수된다. 배고픔을 각성하고 있고 그 각성은 "나는 배고프다. 배고픈 것은 나다"라고 말하는 자아 상태를 정의(定義)하는 행위이다.

먹는 것은 "나는 배부르다. 나는 더 이상 배고프지 않다"라고 말하는 또 다른 자아확인의 행위이다. 우리는 이렇게 자신의 욕구에 반응하고 그것을 채운다. 그 욕구의 충족이 경계를 형성한다. 그 경계는 어떤 변화 환경에도 적용될 만하다. 우리가 먹지 않는다면 어떻게 될까? 배고픔은 자아 확인의 행위에 의해 충족되지 않을 것이다. 사실 먹지 않는 것은 자기 부정의 행위가 될 것이다. 이렇게 계속해서 자신의 메시지가 부정될 때 우리는 에너지를 잃어버리고 궁극적으로는 배고픔의 신호를 잃고 만다. 몸은 자기 통제가 가능하지 않은 메시지를 얻게 되고 자신이 누구인지(그리고 어디 있는지)에 대해 왜곡되고 부적절한 인식을 낳게 된다.

욕구충족이 실패할 때 경계를 만드는 두 번째 시도가 바로 방어선이다. 우리가 자기 관리와 자아 정의에 실패하면 기대, 투사, 근심과 공포로부터 나오는 방어적 경계가 형성된다. 이 방어기제들은 몸의 반사작용과 같다. 즉, 그것은 빠르지만 무감각하다. 그것은 의사가 반사작용을 점검하기 위해 무릎에 충격을 가하면 무릎이 반사적으로 움직이는 것과 같이 어떤 자극에 의해서 움직여질 수 있다. 내 경우 단지 이러한 방어적 반응이 일어난 것을 보고 상대가 적의를 품고 있다고 가정하는 자신을 깨닫고 당황했던 적이 얼마나 많았는지 모른다.

욕구가 충족되지 않는 식으로 습관이 들면 번거로운 대체재를 방어기제로 받아들이게 된다. 방어와 거부(denial)는 쌍둥이 자매이다. 무릎이 우리가 알아채기도 전에 움직이듯 방어기제는 거부와 함께하는 부정적 경험의 신호이다. 내가 스스로를 방어한다면, 전투/도피/결빙의 상황이라면, 스스로를 방어하고 있다고 생각하면서 그 충돌에 맞지 않는 어떤 가능성도 거부할 것이다. 스스로를 먹이라고 느끼는 한 다른 모든 이는 나를 제물로 삼는 공격자라는 피해의식 이외의 다른 어떤 생각도 할 수 없게 된다. 이것이 바로 거부가 중독에 밀착되어 있는 방식이다.

불교에는 좋아하는 것은 붙잡고 싫어하거나 부정적인 것은 밀어내는 것이 우리의 본성이라고 말하는 지혜가 있다. 이것들은 새 차와 같은 사물에 대한 감정이나 두려움에 이르는 생각일 수도 있다. 우리는 모두 좋은 느낌에는 집착하고 나쁜 느낌은 제거하고 싶어 한다. 내담자의 대부분은 성가신 감정이나 행태는 털어버리고 스스로 좋은 것들만 느낄 수 있도록 성급한 목적을 가지고 나를 찾는다. 그것을 틀렸다고 보기는 어렵다. 누가 괜찮은 삶을 원하지 않을 것인가? 그러나 불교에서는 이렇게 좋은 삶을 추구하는 방식은 그것을 일어나게도 하고 그렇지 않게도 만드는 열쇠라고 말한다.

무엇보다 먼저 고통은 [언제나] 일어난다는 명제로 돌아가야 한다. 우리가 살아가면서 사랑하는 개가 죽는 고통이나, 어디서 떨어지거나 상처받는 일이나, 부당함이나 질병, 불편을 겪지 않을 거라고 확신할 수 없다. 나는 각각 다른 질병으로 두 아들을 모두 잃은 내담자를 알고 있다. 어떻게 이런 일들이 남에게만 일어나고 나에게는 해당되지 않는다고 말할 수 있는가?

좋은 일이 있으면 거기에는 무상함의 개념도 존재한다. 존재하는 것은 무엇이나 [머물지 않고] 지나간다. 오르가슴은 계속되지 않는다. 과학자가 쥐 뇌의 쾌감 센터를 반복적으로 자극했을 때 한동안 쥐들이 매우 흥겨운 상태의 모습을 보이더니 곧 이어서 다른 쥐나 먹이, 다른 어떤 것에도 관심을 보이지 않고 쾌락에 여전히 접근하면서 수동적이면서 둔한 상태가 되는 것을 발견했다. 즉, 그것들은 심한 중독에 빠진 것이다. 즐거움은 지나간다. 그러나 다행스럽게도 그 무상함은 고통에도 적용된다. 고통도 역시 지나간다. 둘 다 무상하다. 이 흐름을 통제하기보다는 이것과 함께 흘러가는 것이 잘사는 방법이다. 행복은 고통을 밖으로 밀어내고 쾌감을 속 안에 쌓아두는 데 있는 것이 아니다. 그것은 오히려 우리를 중독으로 인도한다. 행복은 내게 무슨 일이 일어나든지 그 흐름과의 댄스에서 찾아온다. 그래서 행복은 우리가 얼마나 많이 좋은 시간을 가졌고 얼마나 많이 그러지 못했는지에 달린 것이 아니라 기꺼이 우리에게 닥친 삶을 맞는 것에서부터 그것의 거침과 흐름에 반응하는 데 이르는 것까지에 달려 있다는 극단적인 생각까지 일어난다. 우리는 삶의 내용에 집착하지 말고 삶의 과정을 축제로 만들면 된다.

나는 우리 북미 사람들에게 야구가 삶의 메타포라고 들은 적이 있다. 그것은 제임스 던컨(James Duncan)의 걸작 소설 『브라더 케이(Brother K)』에 잘 나타나 있다. 책의 말미에 한 프로 야구선수의 장례식 장면이 나온다. 장례식 후 가족들이 모였을 때 그의 딸이 언젠가 아버지가 그녀에게 했던 말에 대해서 이야기한다.

아버지는 타자가 원하는 볼을 얻는 방법은 두 가지가 있다고 하더군요. 가장 단순한 방법은 특별한 구질을 선호하지 않는 것이라고요. 그러나 그가 말하는 최상의 방법은 ─ 거의 비슷하게 들릴지라도 실제로는 매우 다릅니다 ─ 우리가 맞이할 구질의 볼을 원하는 것이에요. 우리가 요리할 수 있는 볼을 포함해서 우리를 스트라이크 아웃시킬 것 같은 볼까지, 심지어 머리를 때릴지도 모르는 볼까지도 원하기만 하면 된다는 거예요(Duncan, 1992: 690).

우리의 괴로움은 고통이 일어날 때보다는 삶에 대한 우리 경험을 통제할 때 발생한다. 우리가 어떤 경험을 가지고 어떤 경험은 버려야 하는지 선택해보면서 중독의 첫 번째 과정인 '통제'를 실행하게 된다. 경험을

원-투-스리 왈츠

75

통제하는 노력을 확대하면서 우리는 자아와 타인에 대해 일정 부분들을 거부할 수밖에 없게 된다. 이러한 거부는 감각을 둔화시키고 우리를 중독의 나선으로 밀어 넣는다. 경험을 붙잡거나 밀어내는 것은 앞서 열거한 방어전략 중의 하나를 수반하게 한다. 이것은 우리가 삶에 대해 수동적으로 남아 있어야 한다는 것은 아니다. 삶이 요구하는 것은 우리가 삶의 능동적 파트너가 되어 그것과 함께 춤추는 것이다. 고통은 말할 것도 없고 즐거움까지도 거부한다면 스스로를 중독의 나선으로 밀어 넣는 것이다. 아이스크림을 먹지 않고 지나치는 것은 그것을 탐닉하는 것만큼 중독적일 수 있다.

춤은 여기서 훌륭한 메타포이다. 우리는 경험이라는 춤판 위에서 태어난다. 삶은 우리의 파트너이다. 우리가 [삶을] 통제하면서 이끌어나가면 삶은 우리의 발을 밟을 것이다. 우리가 가만히 있거나 절뚝거리면 삶은 우리를 포기하고 새 파트너를 찾아 나설 것이다. 어느 길이나 우리가 경험할 수 있는 가장 큰 관계의 상실로 엄청난 고통을 겪는다.

지난 주 나는 엄지발가락을 의자 다리에 채였다. 내가 깡충 뛰면서 소리를 지르고 발가락을 잡고 동시에 움직이려고 애쓰고 있는 것을 아들이 보았다. 나의 연극 같은 동작이 가라앉았을 때 아들은 극도로 흥분한 내 모습이 꼭 어릿광대 같았다며 광대를 흉내 냈다. 잠시 후 우리가 웃으며 엄지발가락을 잡고 뛰는 게임을 하면서 발가락[의 아픔]은 잊혀졌다.

올해 초 맷(Matt)이라는 나의 어린 친구가 백혈병으로 세상을 떠났다. 나는 그 아름다운 영혼이 이렇게 빨리 가버린 것이 너무 허무해 비탄에 잠겼다. 장례식을 마치고 돌아와서 소파에 앉아 창밖의 사과나무를 멍하니 쳐다본 것이 생각난다. 나뭇잎들은 진한 녹색으로 물들어 있었고 다람쥐가 나뭇가지 사이를 뛰어넘어 갈 때 그 가지들이 휘청거리며 휘어지는 것을 주목하기 시작했다. 갑자기 나는 그 나무에서 빛나는 한줄기 빛을 보았다. 그 빛은 나무를 꿰뚫고 나오는 일종의 빛의 생명이었다. 수액이 맥동하며 나뭇잎이 빛에 어른거리는 전혀 새로운 방식으로 나무를 바라볼 수 있음을 느꼈다. 나는 지금도 그 나무를 맷의 나무라고 부르며 그의 기념물로 생각한다.

아이스크림을 먹는 것은 자신이 선택한 행위일 때도 있고, 아닐 때도 있다. 어떤 선택이 우리의 생명을 확인시켜주고 우리의 최상의 파트너와 계속 춤을 추도록 허용할 것인가? 스텝을 비슷하게 맞추기 위해 수도복을 입을 필요는 없다. 고통이 오면 스스로에게 지금 삶이 내게 원하는 게 무엇인지 물음을 던지며 춤추면 된다. 우리는 경험의 오고감과 함께 사랑에 빠질 수 있다. 우리는 스스로 춤춘다. 스크린 위에 비친 영상의 내용에 의해서가 아니라(이 경우는 다양한 도피, 전투, 결빙의 시나리오에 의해서 붙잡힐 것이다) 스크린을 비추는 빛과 함께 우리 자신의 정체가 드러날 것이다. 우리가 참으로 행복한 사람의 대열에 드는 것은 바로 이 지점에서이다.

신체적 경계의 재발견

삶의 선택을 다시 찾는 일이 우리가 회복하는 길이다. 우리는 어떤 것으로부터 회복하는 것이 아니라 어떤 것 속으로 회복하는 것이다. 나의 어휘사전은 '회복하다'에 대한 첫째 동의어로서 '다시 찾다'를 표기하고 있다. 어떻게 삶을 다시 찾는 능력을 회복할 것인가? 의식적으로 삶을 선택하도록 허용하는 경계를 형성하기 위해 어떻게 적극적으로 욕구를 충족시킬 것인가? 어려서 욕구가 충족되지 못할 때, 궁극적으로 잃어버리

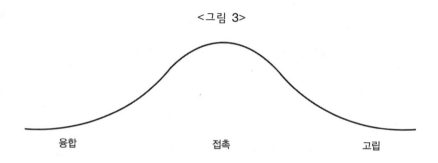

<그림 3>

융합   접촉   고립

는 것은 욕구가 아니라 그것을 적극적으로 충족시키는 우리의 능력이다. 우리는 욕구를 충족하지 못하는 행위에 길들여지게 된다. 춤추는 방법 자체를 잊어버리는 것이다. 춤추는 기술을 회복하려면 몸을 다시 찾아야 한다.

몸을 단세포 유기체라고 생각해보자. 우리의 몸은 세포막(경계) 안에 많은 내용물과 함께 형성된다. 우리의 삶은 유기체가 살아남을 수 있도록 자양분은 흡수하고 쓸데없는 것들은 분비하는 기능을 요구한다. 바깥 환경과의 관계를 요구하는 것이다. 그 관계 속에 자양분 흡수와 부산물의 처리가 위치한다. 우리의 경계는 두 가지 기능을 가지고 있다. 우리에게 속하지 않는 것을 밖으로 내보내면서 스스로를 감싸는 기능과 우리 자신의 정체성을 알리는 기능이 있다. 그리고 그 경계는 우리를 유지시키고 연료가 될 것을 안으로 흡수시켜야 한다. 우리를 지키기 위해서는 그 막이 강해야 되고 흡수를 위해서는 밖을 향해 기꺼이 열려 있어야 한다.

단세포든 수십억 개의 세포를 가지고 있든 간에 경계의 상태와 관련해서는 세 가지의 가능한 상태로 집약될 수 있다. 이 세 가지 상태는 <그림 3>에서 보듯이 융합, 접촉, 고립으로 나타난다. 융합은 합쳐지는 과정이며 경계가 흩어지고 물질의 자유연합이 이루어지는 상태이다. 여기 알맞은 예로 정자가 난자를 뚫고 들어가 수정이 이루어져 부모의 DNA가 섞이는 순간을 들 수 있다. 고립 상태에서 경계는 너무 강해져서 물질이 들락거릴 수 없다. 이것은 핵연료 사용 후 밀봉을 시도할 때 우리가 하는 시도와 유사하다. 융합과 고립 사이에 접촉 상태가 있다. 그것은 경계는 있지만 여전히 침투될 수 있는 상태이다. 우리 몸의 모든 세포는 각각의 독특한 상황이 전개될 때마다 어떤 것을 들여보내고 내보낼지에 대한 능력을 보유하고 있다. 어떤 때에는 세포가 고립되는 것이 유리하다. 이런 식으로 그것은 독이 침투하지 못하게 지키고 자기 파괴를 막아낸다. 아주 드문 경우이지만 융합을 통해 합쳐지는 현상이 요구된다. 이것 없이 새 생명을 잉태하는 것은 불가능하다. 하지만 세포 대부분의 상태는 접촉이 가능한 선택적 투과 상태로서, 세포는 삶의 자연스러운 움직임에 적절히 반응하면서 변화와 함께 춤을 출 수 있다.

우리가 수십억의 세포로 구성된 몸의 미립자같이 단위세포를 이해하더라도 같은 원리가 적용된다. 때때로 삶은 우리에게 합쳐질 수 있도록 부분적으로 녹아버리길 요구한다. 아들이 아기였을 때 양육 과정에서 종종 이렇게 합쳐지는 경험이 있었다. 이 경우 이러한 병합을 결속이라고 부른다. 그리고 그 때문에 내가 새벽 3시에 일어나서 아기에게 젖을 먹이고 산후 복통을 참고 똥을 누이는 일이 가능했다. 또한 고립이 적절할 때가 있다. 가령 나라면 담배 피우는 사람 곁이나 X-Ray 옆에, 또는 분노하고 있는 사람들 곁에는 있지 않을 것이다.

내가 융합을 일관된 전략으로 선택할 때 경계보다는 방어를 선택하게 된다. 그러고 나면 고전적인 공동 의존의 중독, 즉 타인 속에 나 자신을 함몰시키는 중독에 빠지게 된다. 내가 전략적으로 고립을 선택하면 방어 기제가 마련되어 나 자신을 세상이 공급하는 자양분으로부터 단절하게 된다. 과도한 쾌감을 경험한 쥐들같이 나는 죽을 때까지 자신의 몸에 자양분을 공급하지 못할 것이다. 삶이 내게 원하는 것에 대해 적절한 주의를 기울이지 못할 때 나는 그것을 선택할 수 없을뿐더러 욕구충족을 통한 자아 만족이 불가능해진다. 대신에 나는 다른 사람이 나를 돌봐주기를 기대하면서 융합의 상태에 의지하게 되거나 다른 사람을 외면하면서 홀로 있는 고립 상태를 의지하게 된다. 어느 것이든 계속된다면 나는 죽고 말 것이다. 이것이 삶의 습관이 된다면 나는 실제로 자신뿐만 아니라 남에게도 독으로 자라나고 말 것이다. 나는 자신을 [지나치게] 내세우거나 폐기하는 사회의 하수구가 된다.

내 몸은 선택하고 붙잡고 밀어내기를 배우고 또 배우는 장소이다. 나는 자신이 투과할 때, 융합할 때, 고립할 때를 느낄 수 있다. 내가 투과 상태일 때 내 몸은 깨어 있으면서도 이완되어 있다. 내가 깊이 호흡할 때 내 몸은 행복해하고 경제적으로 움직인다. 융합 상태에서 나는 몸을 움직이기 어렵다. 감각이 죽어 있고 미세한 근육과 생리계통 어느 부분에서 투쟁/도피/결빙 상태가 느껴진다. 고립될 때 나는 또한 방어기제를 느낀다. 사실 그것은 내가 느끼는 모든 것이다. 방어적인 감각들이 생리적 과정을 억압하거나 지나치게 활성화시키건 간에 내 의식은 그 감각들에 의해 지배당한다. 어느 경우든 나는 환경을 정확히 읽어낼 수 없다. 그것은 나 자신같이 느껴지기도 하고 의심스러운 외계인같이 느껴지기도 한다.

그러나 내가 가장 재미있어 하는 곳은 접촉 상태이다. 나는 여전히 자신을 유지하면서도 내가 먹는 달콤한 쿠키가 된다. 나는 앞에 서 있는 나무와 같이 빛을 발한다. 내가 투과 상태에 있다고 쿠키나 나무가 되지는 않는다. 그러나 잠시 동안 나는 그 경험을 하고 있기 때문에 달콤하고 빛을 발하는 사람이 된다. 그리고 이것은 적극적으로 삶을 선택해야만 이루어진다. 나는 내 인생의 댄스 파트너로서 삶의 대리인인 나무와 쿠키를 잠시 가져오는 것이다.

투과될 수 있는 상태는 우리 기쁨의 대부분이 머무는 곳이다. 거기서 우리의 기쁨과 타인들의 기쁨이 우리 안에 공존한다. 우리의 기쁨은 아이스크림에서 오는 게 아니라 그것에 대한 경험에 기꺼이 투과될 때 찾아온다. 삶에 대한 충족감은 슬픔을 밀어내는 데 있는 것이 아니라 그 슬픔에 의해 움직이고 채워지고 투과되는 느낌 안에서 우리가 삶의 중심이 될 때 찾아온다. 나는 지금 친구 맷이 얼마나 생기 있게 살아 있었는지를 안다. 마치 여기서 그의 현존을 목격하는 강렬한 특권을 가진 것만 같다. 저 사과나무를 보고 있노라면 더욱 그런 느낌이 든다.

인지적 경계의 재발견

우리 마음도 [신체와] 같은 경계/방어 과정을 갖고 투과 상태에 머물기 위한 특별한 형태의 주의력을 필요로 한다. 마음은 기억하고 계획하는 전문적인 기능을 갖고 있다. 이 두 기능은 다른 동물들에게는 잘 나타나지 않는 것들이기에 개인으로서 그리고 인간으로서 우리 자신의 정체성을 갖기 위해 빼놓을 수 없는 것들이다. 둘 다 매우 유익하지만 대가를 요구한다. 그것들은 우리를 지금 이 순간의 직접경험으로부터 벗어나게 한다. 내가 몇 주간에 걸쳐 계획을 세우는 동안 팔에 앉은 모기를 의식하지 못하고 물리고 만다. 계획은 더욱 높은 이상에 부응하기 위한 서비스를 위해 우리를 현재 순간과 단절시킨다. 우리는 이상적으로 일관된 기초 위에서 지금 현재의 직접경험을 들락거림으로써 두 기능 모두에게서 이익을 얻을 수 있다. 그러나 계획-평가-기억 속에 너무 오래 잠기다 보면 그 자체에 너무 피곤해져서 균형을 다시 찾기 위해서는 모종의 휴식이나 레크리에이션(놀이같이 직접적이고 경험적인 어떤 것)을 필요로 하게 될 것이다. 얼마나 많은 사람들이 이런 식으로 과도하게 자신을 몰아붙이는가! 우리가 온종일 직접경험으로 시간을 보내면 어린아이같이 그 순간 눈앞에 직면하는 일은 무엇이든지 주의를 기울일 것이다. 이러한 식의 행동에서는 잘 요리된 저녁을 들기 어렵다. 그래서 유아들은 끊임없이 돌봐질 필요가 있는 것이다.

그러므로 우리는 양쪽 상태 모두를 필요로 한다. 어느 한쪽을 지나치게 오래 탐닉한다면 그것에 대한 대가를 치르게 될 것이다. 적정선의 유익함은 이 두 상태를 적당히 왔다 갔다 하는 데서 나온다. 어떻게 우리는 이 상태를 적절하게 왕복할 수 있을까? 우리는 이미 감각으로 돌아오는 것, 지금 여기에 주의를 주는 것으로 직접경험을 얻는다는 사실을 알았다. 마음으로 들어가서 주의력을 집중함으로써 우리의 정신 에너지를 만족스러운 방식으로 충족시키는 방법도 있다. 직접경험에서는 세계가 분명하게 감각된다. 마음 안에서 일어나는 감각에 준하는 과정을 감지(perception)라고 한다.

에드먼드 제이콥슨(Edmund Jacobson, 1967)은 감지를 지정된 감각(designated sensation)이라고 불렀다. 다른 말로 감지는 마음에 의해서 겪어진 감각이다. 감각신호는 척추를 통해 뇌로 들어가서는 거기서 기억을 통해 전에 이러한 경험을 가졌는지를 확인받는다. 들어오는 감각을 의미 있는 카테고리 안에 넣음으로써 세계가 혼란 가운데 있지 않도록 조율하는 것이 우리 본성이다. 이러한 식으로 우리는 감자를 집을 때 매번 그 복잡한 과정을 일일이 이해할 필요가 없는 것이다. 단지 손 안에 있는 것을 [우리 기억 속에] 이미 존재하는 카테고리의 감자와 비교하면 된다. 그리고 그것이 감자로서 확인된다.

내 [기억의] 카테고리 속에서 감자라는 의미는 그것과 연관된 다른 것들도 포함하고 있다. 그 안에는 맛있고, 땅 속에서 자라며, 감자튀김, 그리고 감자기근(나는 절반은 아일랜드 사람이다) 등의 의미가 연결되어 있다. 다른 사람의 기억 속에 있는 감자의 의미에는 메스껍고, 방귀가 많이 나오는 음식, 추수감사절에 먹어야만 하는 지겨운 음식 등으로 박혀 있을 수 있을 것이다. 분명히 우리는 세계를 다르게 규정한다.

가족, 문화, 종교, 개인적 삶의 과정에 따라 우리는 나름대로 기억 속에 의미의 카테고리를 구성한다. 내가 KKK 단의 아버지 밑에서 자랐다면 흑인의 의미 속에 깜둥이와 하류생활이 들어 있을 것이다. 의미의 카테고리들은 세계를 규정한다. 그것들은 세계를 정의하고 모양 짓는다. 그것들은 우리가 특정한 행동을 하도록 요구한다. 우리의 카테고리들은 현실을 나타내지만 그것들은 단지 [수많은 구멍을 가진] 비둘기의 칸막이 집처럼 분류를 위한 것이다. 그 분류체계에 의거해서 세계는 전쟁터가 되기도 하고 요정의 숲이 되기도 한다. 우리는 실제로 이 카테고리의 노예가 된다. 그것들의 현상유지를 반박하거나 뒤집는 정보에 주의를 기울이기를 거부하기 때문이다. 그리고 앞에서 보았던 바와 같이 그러한 거부 현상은 중독으로 가는 지름길이다. [소위 전형적 타입을 결정하는] 기존의 의미 카테고리가 우리 자신과 세계의 직접 관계보다 더 중요해진다.

그렇다면 어떻게 우리와 다른 이의 행복을 극대화할 카테고리를 만들 수 있을까? 우리가 어떻게 자신의 카테고리를 형성하는지 주의 깊게 관찰하면서 카테고리를 만드는 과정에 참여할 때 우리를 지배하기보다는 우리에게 헌신하는 인지적 구조가 형성된다. 명상은 이런 식으로 주의를 집중시키는 훈련법이다. 나의 명상 선생이며 영적인 지도자인 틱낫한 (Thich Nhat Hanh) 스님은 이렇게 말한 적이 있다. "모든 견해는 정확하지 않지만 견해를 갖는 것은 우리 본성 안에 있기에 우리는 이완되어야 하고 가능한 한 정확히 그것들을 유지하는 데 주의를 기울여야 한다." 그리고 그는 "정말인가(Are-You-Sure)" 훈련법을 우리에게 알려주었다. 이 훈련은 자신과 세계와의 관계에 관한 우리 자신의 견해를 묵상하고는 스스로에게 "정말인가?" 하고 묻는 것이다. 나는 이 명상법을 지난해 편집증 환자에게 적용해보았다. 그가 거리에서 우연히 만나는 사람들과의 접촉을 통해 그것을 사용하면서 사람들이 전혀 그를 의심스럽게 보고 있지 않다는 사실을 알 수 있게 되었다. 그는 반복적으로 주의력을 내면에 두기도 하고 밖의 다른 이에 두기도 하면서 자신의 편집증적인 사고를 관찰하기 시작했다. 그리고는 자신의 생각이 다른 이의 것들과 얼마나 다른지도 보기 시작했다.

나는 이 책의 후반에 그 카테고리들로 하여금 새로운 생각과 정보, 그리고 다른 사람들로부터의 피드백을 유지하도록 하면서 의미의 카테고리를 잘 다룰 수 있는 또 다른 테크닉을 선보일 것이다. 주의력을 안팎으로 진동시키는 것은 우리의 견해를 청결한 물로 씻길 수 있는 좋은 방법이다. 그것은 그 카테고리에 직접경험으로부터의 원초적 데이터를 끊임없이 채워 넣도록 허용함으로써 그 카테고리들이 적응하고 번성할 기회를 갖도록 해준다. 그렇게 되면 우리가 과도하게 고립되어 자신의 견해만 고집할 필요가 없고 심하게 융해되어 우리 견해를 다른 이들의 견해와 섞지 않아도 된다. 이러한 방법으로 카테고리는 세계와 상호적으로 자양분을 주고받도록 열려 있으면서 그것과 직접 접촉할 수 있다.

그 카테고리의 과정은 어떤 모습일까? <그림 4>에 나타난 바와 같이

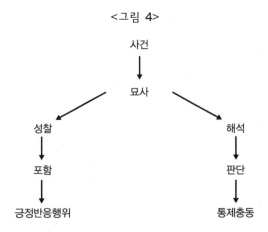

<그림 4>

사건

묘사

성찰 해석

포함 판단

긍정반응행위 통제충동

그것은 하나의 사건, 자극과 함께 시작한다. 이 자극은 우리 감각에 영향을 주고 그것을 받아들이는 행위와 함께 묘사된다. 친구가 우리 집을 방문한다고 이야기해보자. 그녀가 문을 통과하면서 나와 아들에게 미소 짓는다. 묘사단계에서 그 미소는 입 가장자리가 치켜 올라감 그리고 눈 주위가 좁혀짐으로 표시될 것이다. 나와 아들은 이 관찰된 것을 보고할 것이고 우리의 인식상자는 미소라는 카테고리에 그것을 잡아넣을 것이다. 더 나아가 나의 미소상자에는 어릴 적 친구가 좀 천박하게 이야기하기 직전에 미소를 보였던 기억이 들어 있다. 아들은 그런 경험이 없었다. 그래서 그의 미소상자에는 인정받고 있다는 느낌, 그리고 재미있는 것과 연결된 미소의 기억이 들어 있다. 우리가 각각의 미소상자를 조회해보면서 우리 경험이 달라지기 시작한다. 우리 각자는 자신의 과거사를 마주하고 해석할 것이다. 나는 친구가 나를 막 비판할 거라고 예상하는 반면, 아들은 기분 좋은 시간을 가질 것이라고 예상할 것이다.

　　우리는 과거사를 해석하자마자 과거사를 그것에 대한 우리의 묘사와 뒤섞어버리고는 이번 경험이 과거와 표면적으로 비슷할 것이라고 가정한다. 그러나 다른 가능성도 있다. 우리가 주의력을 [안팎으로] 진동시키면서 좀 더 참신한 데이터를 얻을 수 있다. 위의 경우 나는 친구가 어릴 적 친구가 아니라 그녀 자신임을 아는 진정한 친구로서 새롭게 경험된다. 이를 통해 나의 카테고리는 깨끗해지고 현재를 수용하는 합당한 상태가 될 것이다. 이러한 행위를 성찰(reflection)이라고 부른다. 아들 역시 자신이 주목받고 함께 놀 수 있다는 기대감의 형성을 포기함으로써 성찰의 상태에 들어갈 수 있다. 우리는 "정말인가?" 훈련을 사용함으로써 해석을 시작할지라도 성찰로 돌아갈 수 있다.

해석하는 데 머물면 나는 판단의 상태로 이동한다. [친구의] 미소에서부터 비판을 받을 것이라는 추측으로 나아가 이런 식으로 취급될 것이라는 분노까지 걸음을 재촉하게 된다. 판단은 선악에 대한 가치 선택을 수반한다. 이 경우 나는 친구를 나쁜 존재로 만들게 된다. 아들은 해석 상태에 머물면서 그녀를 좋게 볼 것이다. 우리는 어떤 것이 좋으면 그쪽으로 향하려 하고 나쁘면 밀어내고 싶어 한다. 우리는 붙들거나 거부할 것이다. 이때 친구는 더 이상 친구가 아니라 욕망의 대상일 뿐이다.

우리가 진동하는 주의력을 가지고 있고 성찰에 머문다면 그 다음 단계는 포용이다. 나는 과거의 자극적 기억에 깨어 있으면서도 친구를 포용한다. 나는 [과거와 현재] 두 사건이 내게 존재함과 그것들이 동시에 각각 유일무이한 사건들임을 허용한다. 아들은 재미있는 기억과 인정받았던 기억 속에서 친구를 포용하고는 그것을 [현재와] 구별된 것으로서 받아들인다.

[한편] 판단이 서고 나면 그 다음 단계는 통제의 욕구가 일어난다. 내 친구가 순간적으로 나를 비판할 양이면 나는 미리 경계선을 칠 것이다. 내가 느끼고 싶지 않은 그 나쁜 것들을 밀어내기 위해 나는 그녀와 나

자신의 통제를 필요로 할 것이다. 아마도 나는 '오소리형'의 방어책을 택할 것이다. "그래, 원하는 게 뭐니?" 그러면 아들은 아마도 이렇게 말할 것이다. "나랑 같이 놀아주실 거지요?" 어느 경우가 되었든지 내 친구는 통제받고 있다는 느낌 때문에 기분이 좋지 않을 것이다.

우리가 포용하면 그에 상응하는 행위를 얻을 수 있다. 나는 친구를 안으로 초대한다. 우리가 이야기를 시작하면서 그동안 어땠는지를 이야기할 때 나는 미소의 자극과 함께 내 기억 속에 있었던 사건, 어린 시절 받았던 아픔을 그녀에게 털어놓을 수 있다. 나는 이야기하면서 묵은 감정을 털어낼 수 있게 된다. 그러면서 나는 자신을 치유하고 친구와의 유대를 한꺼번에 회복한다. 내가 취한 행동은 내 경험의 정확성을 성찰하고 이러한 종류의 행동 때문에 거기에 연관된 사람들 모두 항상 자양분을 받게 된다. 아들은 아마도 놀아달라고 할지 모르지만 그와 함께 우리가 놀아야 한다는 강박감이 없는 만큼 그러한 상황에서의 놀이는 우리 모두를 기쁘게 하는 좋은 아이디어일 것이다.

우리 몸과 마음은 자율적이지 않거나 적극적으로 자양분을 충족하는 데 길들여지지 않을 때 그 자체를 방어할 것이다. 우리가 스스로와 직접 만나서 만지고 접촉할 때 바로 그 행위들 때문에 욕구가 충족되고 경계가 형성된다. 이 경계는 또한 숨을 쉬면서 삶의 맥박과 고동에 투과 상태로 남을 수 있다. 삶은 과거에 우리에게 있어왔던 식의 자동 재현이 아니라 늘 새롭고 실제적이 된다. 우리가 불만스럽고 피동적인 생활에 길들여져 있다면 문제를 해결하고 좀 더 새롭고 충만한 이야기를 만들 전략이 필요할 것이다.

원·투·스리 왈츠

4. 몸의 회복: 무빙 사이클

어째서 오늘 아침에 깨어나지 않는가?
— 루미(RUMI)

전통적인 중독 회복 프로그램은 클라우디아 블랙(Claudia Black), 존 브래드쇼, 찰스 휫필드, 샤론 웨그사이더 찰스(Shaaron Wegscheider-Charles)와 같은 사람들에 의해서 개척되었다. 모두 알코올중독자갱생회(AA)에서 기원한 12단계 프로그램을 사용하고 있다. 엄격한 정직성과 각자의 행위에 대한 책임을 요구하는 이 프로그램은 모든 형태의 중독 치료에 필수이고, 생동감을 되찾는 모든 수단의 기본이 된다. 나는 무빙 사이클(moving cycle)이라고 부르는 4단계 프로그램을 개발했는데 그것은 기존 [12단계 프로그램의] 회복전략을 포함하고 거기에 더해서 만들어진 것이다. 그 무빙 사이클은 무의식적이고 불충분한 욕구 대체재로부터 생기는 중독 행태를 의식적이고 만족스러운 행위로 바꾸기 위해 고안된 경험들을 소개한다. 우리가 이 사이클을 통해서 움직일 때 아침에 깨어날 수 있을 뿐만 아니라 나머지 인생도 모두 깨어 있는 삶을 영위할 수 있다.

무빙 사이클은 과정 중심적 모형이다. 그것은 특정한 목표나 결과를 가정하지 않는다. 이 사이클을 여행하는 사람들은 각자 자신의 목표와 그 안의 흥미를 결정한다. 이것은 외견상으로는 중독의 초기 상처 중의 하나인 가족원인설의 반대 입장에 있다. 즉, 우리에게 주어진 가족관계와 엄격한 규율이 우리 자신의 정체성을 왜곡시킬 수밖에 없을 것이라는 사실에 의혹을 던진다. 무빙 사이클은 몇 년 동안 자연 치유와 삶의 변화 과정을 관찰하면서 개발되었다. 그것들 자체로 남겨질 때 치유와 성장은 뚜렷한 움직임의 순서를 따르고 있는 듯하다. 네 단계가 있고 한 단계의 성공적인 완성은 다음 단계를 촉진한다. 네 번째 단계는 더 깊고 심오한 수준에서 첫 단계로 나아가게 한다.

무빙 사이클은 중국식 수갑과 같은 원리로 작동한다. 손가락 두 개를 걸 수 있는 대나무 관으로 짠 수갑을 떠올려보자. 여러분이 거기서 손가락을 빼려고 애를 쓰면 그것들은 대나무에 의해 더욱 조여져 더 심하게 걸려든다. 자유롭게 되기 위해서는 손가락을 대나무 관 속으로 부드럽게 밀어 넣어야 한다. 이와 유사하게 무빙 사이클에서는 중독에서 빠져나오는 유일한 방법은 중독을 통과하는 것이라고 가정한다. 느낌을 통해, 감각을 통해, 그 낡은 한계를 뚫고 우리의 집인 몸 안으로 더욱 파고들어감으로써 가능하다는 것이다. 무빙 사이클은 하나의 귀향 경험일 수 있다.

그 사이클의 첫 단계는 각성(awareness)이다. 우리는 중독의 주요 특성 중의 하나가 탈감이라는 것을 확인했다. 종종 그 해묵은 패턴이 자리 잡지 않도록 하기 위해 깨어남과 감각이 몸으로 돌아와야 한다. 감각이 다시 찾아오기 시작할 때 우리는 종종 해묵은 고통을 다시 느낀다. 이러한 고통을 다시 느낄 용기를 갖는 것 ―느낌을 단절하지 않고 확인하는 것―

<그림 5 무빙 사이클>

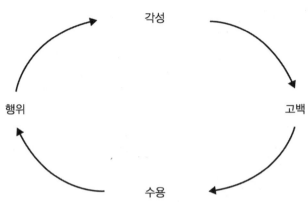

각성

고백

수용

행위

이 매우 중요하다. 그것은 12단계 프로그램의 첫 단계인 중독을 인정하는 단계와 흡사하다. 무빙 사이클의 첫 단계는 우리가 느끼는 것이 무엇인지 또는 우리 자신의 느낌을 방해하는 것이 무엇인지 확인하는 것이다. 이 시작점은 바로 신체적 과정이다. 그것은 우리가 스스로를 해치고 있을 때를 알리는 자연스러운 능력을 다시 깨우기 위해 몸 안에서 감각을 추적하고 보고하는 작용이다. 해로운지를 평가하는 능력은 자신을 증오하는 부분을 잘라내고 중독에 들기 위해 무시되어야 하는 능력이다. 우리는 몸에서 일어나는 모든 것들을 인지함으로써 즐거움을 감지하는 능력을 회복할 수 있다. 스스로를 보상하기 위한 능력을 다시 찾는 것도 그 과정에서 긴요하다. 각성은 우리가 회복시키고자 하는 직접경험의 주요 빌딩 블록을 형성한다.

어떻게 프리츠 펄스(Fritz Perls)가 "유기적 자율(organismic self-regulation)"이라고 부르는 능력을 배양할 것인가? 그것은 감각각성(sensory awareness)과 함께 시작할 수 있다. 우리가 경험을 느끼고 표현하는 능력은 회복의 기초이고 기쁘고 만족스러운 행위의 초석이다. "골 때리는 것 같아"라는 표현이나 "다리가 천근만근이야" 같은 식의 표현은 최상의 감각적 자아를 다시 불러들이고 힘을 부여하여 다시 차지하는 행위이다. 그것들은 문자 그대로 변화의 여정을 위한 연료이다.

두 번째 단계는 고백(owning)이다. 이것은 창조적 자아로서 내면에서 일어나는 모든 것을 보는 우리 경험에 관해 완전한 진실을 이야기하는 행위이다. 우리 모두는 자신의 경험을 거부하고 다른 것에 투사함으로써 그것과 자기 자신 사이에 거리를 두는 경향이 있다. 이 거리 두기 때문에 비난, 구실, 자기 합리화같이 상처의 치유 능력을 빼앗는 성향이 창조된다. 중독자들은 세상에서 거짓말과 몰래 감추기로 유명하다. 중독을 유지하기 위해 이 같은 전략이 필요하기 때문이다. 이에 안네 윌슨 셰프는 중독 자체를 거짓말을 해야 하는 어떤 것이라고까지 정의하고 있다. 진실을 이야기하는 것은 우리 경험에 대해 책임지는 행위이다. 다른 말로 우리가 지금 느끼고 행동하는 것들에 대해 100퍼센트 책임이 있다는 이야기이다. 지금 경험에 대해 100퍼센트 책임을 지고 그것을 (책임질 필요가 없던) 어린 시절 경험과 혼돈하지 않는다면 다르게 일할 능력을 찾을 수 있다. 다른 사람들에게 우리 자신의 느낌과 우리에게 일어난 일들에 대해 책임을 전가하는 것은 그들에게 우리의 생명력을 넘겨주는 것과 같다. 따라서 [그 상태에서] 우리가 살아 있음을 느낄 수 있는 유일한 방법은 스스로 통제하는 길밖에 없다. 자기 일에 책임을 지는 것은 물론 [과거] 공동 의존 경험도 관통해서 끊어야 한다. 진실을 이야기하는 것은 채워지지 못한 욕구의 원초적 고통을 건드리고 자율성을 회복하는 데 필수이다.

경험에 대해 책임지는 일은 AA 프로그램의 넷째, 다섯째, 여덟째,

아홉째, 열째에 해당된다. 이는 스스로 도덕적 목록을 만들고 자신의 잘못을 시인하고 수정하는 일이다. 몸 안에서 이 과정은 느낌을 갖기 위한 능력뿐만 아니라 그것을 유지하고 그것을 통해 자신을 움직일 능력까지 연결된다. 감각을 짓누르기보다는 호기심으로 만남으로써 감각이 우리에게 정보를 제공하고 변화시킬 수 있도록 하는 능력에 이르게 된다. 우리는 가장 근원적이고 창조적인 반응, 즉 그 안에서 몸이 어떤 조건이나 한계를 넘어서는 자유로운 느낌을 통해 움직이는 반응에 다다른다. 창조성을 다시 살리는 일은 경험에 대해 책임을 지고 "이것을 느끼고 주도하는 것은 나 자신이다"라는 본질적 표현을 확인하며 일어난다.

우리는 어떻게 몸 안에서 고백단계와 작업하는가? 무책임의 이면에는 경계의 결핍이나 부당한 한계가 존재한다. 우리가 보았던 것처럼 욕구는 몸 안에서 에너지의 급격한 흐름을 창조한다. 이 에너지의 돌진을 해결하기 위해서는 컨테이너나 경계가 필요하다. 어린 아기가 엄마 품에 안길 때 사랑, 온정, 보호의 경계가 창조된다. 이렇게 돌보는 사람의 행위는 유아가 자신을 안전하게 안아주었으면 하는 자신의 욕구에 응해줄 사람이 바깥 어딘가에 있다는 것을 인식할 수 있게 한다. 그러한 경계를 만나지 못하면 우리 몸의 에너지는 허공을 향해 끊임없이 뻗어나간다. 이렇게 경계를 잃어버리고 발산되는 에너지는 원초적인 두려움이 된다. 그 느낌은 마치 절벽에서 열린 공간으로 떨어져 내리는 것과 유사할 것이다. 내담자들이 이렇게 에너지를 무한히 쏟아내는 느낌을 다시 경험할 때면 대개 죽을 것 같다고 호소한다. 이러한 느낌을 피하기 위해서 사람들은 중독에 빠지게 된다. 중독성 동작, 행태, 신념 또는 물질은 일종의 감각적 경계를 공급하기 때문이다.

동작치료에서 고백단계는 우리 몸의 자연적인 내부 한계와 그 과정을 감지하고 그 안에 우리 에너지가 수용되고 있음을 확인하는 단계이다. 그 과정은 감각이 감정으로 승화되고 그 감정이 충분히 느껴지도록 허용되는 것까지 포함한다. 이렇게 되기 위해 우리의 몸은 느낌에 대한 컨테이너가 되도록 훈련될 필요가 있다. 이 과정에서 우리는 몸에 대한 신뢰를 다시 회복한다. 우리는 항상 느낌을 가질 수 있음을 경험하고 그렇게 할 때만 죽지 않을 뿐 아니라 더욱 활기를 느낄 수 있음을 경험한다. 경계가 실제로 느껴지면 느낌이 우리 내면에서 일어나고 다른 사람들의 느낌은 우리 밖에서 일어난다는 안정감과 안도감을 느낄 수 있다. 공동 의존 이슈로 보자면 우리는 자신의 경계를 지키면서 자신과 다른 이들의 움직임 에너지의 차이점을 감지할 수 있어야 한다. 종종 이 단계에서 내담자들은 신체적 경계와 한계점, 구조를 만들어나가는 작업을 할 것이다.

세 번째 단계는 수용(acceptance)이다. 이 단계에서는 수치심과 잘못의 핵심 흔적을 만나게 된다. 수치심은 여러 가지 방식으로 몸 안에 살고 있다. 첫째, 수치심은 부정적 신체 이미지로 해석되면서 우리가 몸과 그 과정을 정확히 감지하는 능력에 악영향을 준다. 우리는 몸의 크기, 모양, 퍼포먼스를 비판한다. 몸은 일생 끌고 가야 하는 무거운 짐이 된다. 둘째, 잘못되었다는 의식은 긴장이나 탈감, 상처, 또는 질병의 원인이 되면서 항상 몸의 어떤 부위에 남아 있다. 성적인 수치심은 국부 언저리에 남는 경향이 있다. 기운이 빠지는 느낌은 종종 가슴과 등을 아래로 처지게 한다. 우리는 두통, 목의 긴장, 위통 모두 수치심의 특별한 흔적을 나타내는 작용으로서 경험한다. 그러나 제일 중요한 것은 셋째로, 우리가 사랑이 결핍되었다고 느끼면 호흡에 영향을 준다는 것이다. 호흡이 억제되면 우리가 느끼는 능력이 단절된다. 그리하여 돌이킬 수 없는 고통이나 위협적인 쾌락으로부터 스스로를 방어하게 된다.

심호흡은 문자 그대로 우리가 더욱 활기차게 되기 위해 필요한 산소를 공급하고 몸에 새로운 감각이 나타나기 위한 공간을 창조한다. 그것은 또한 느낌이 유지되고 형성되기 위한 컨테이너를 창조한다. 감각을 깨우는 호흡은 다른 사람들에 의해 주어진 것이 아닌 우리 자신이 만들어낸 경험을 책임질 수 있게 한다. 호흡은 느낌을 충만하게 표현하고 끝내기 위한 공간은 물론 그것을 형성하고 느끼기 위해 필요한 경계를 창조한다. 거기서 전에 충족되지 않았던 사랑을 다시 프로그래밍하게 되는 것이다.

몸 안에서 수용은 떠오르는 느낌이 무엇이든지 그 속으로 호흡을 끌어들인다. 몸으로 하여금 [현재의] 느낌을 완전히 전달하도록 허용하면서 그리고 판단 중지와 사랑의 태도를 견지하면서 나타나는 것들과 함께 춤을 추는 것이다. 어떤 경험도 다른 경험과 비교될 수 없다. 그것은 단지 현재 상황이고 무조건적인 주의력을 담보로 한다. 호흡에 해당하는 라틴어는 어원적으로 영성(Spirit)에 해당한다. 따라서 수용단계는 영성을 다시 찾는 단계이다. 하느님은 사랑이시다. 우리의 일은 사랑받고 사랑 안에 살고 사랑을 갖고 사랑을 위해 사는 것이다. 영성을 수반하는 회복의 개념은 AA의 12단계에 골고루 퍼져 있고 그 사랑을 몸 안에서 다시 찾는 일은 몸을 사랑하는 일부터 시작한다.

수용단계는 이렇게 사랑을 찾는 일과 관계가 있다. 중독은 사랑의 실패에 뿌리를 두고 있다. 우리는 이 실패의 과정을 지나야 할 뿐 아니라 스스로에게 사랑을 가르쳐야 한다. 우리는 먼저 자신에 대한 사랑을 회복하고 난 뒤 다른 사람에 대한 사랑을 다시 배운다. 사랑에 대한 배움의 가장 본질적인 요소는 실행 능력이다. 그것은 AA단계에서 내맡김(surrender)의 개념과 유사하다. 사랑을 방해할 수 있는 어떤 것보다 중요한 것이 그것을 실행하는 것임을 알 때 우리는 자신의 삶에서 사랑이 실종된 완고한 태도, 위치, 신념, 행태 등을 밖으로 내던질 수 있다.

수용단계에서 우리의 일은 감각을 통해 직접경험을 깨우는 것이다. 고백단계가 일어난 느낌을 통해 깨어 있는 상태를 유지하는 일과 관계가 있다면 수용은 그 느낌을 완성으로 승화시켜 기꺼이 그것을 떠나보낼 때 일어난다. 그것은 우리를 완전히 뚫고 변화시켜왔고 지금은 몸이 그것을 내보낼 수 있도록 이완하는 것이다. 몸에서 느낌을 비우면 사랑이 솟아난다.

회복의 마지막 단계는 행위(action)이다. 행위단계는 우리가 자신을 비판하기보다는 사랑의 주의력을 보낼 때 시작한다. 이러한 능력과 함께 우리는 건강한 태도, 즉 우리 존재가 주변을 긍정적으로 변화시키는 힘을 가지고 세상에 나아갈 수 있다. 행위단계는 우리가 자신과의 관계에서 만들었던 깨어 있음, 책임감, 수용적인 태도와 마찬가지로, 세상과의 관계에서 그것을 만들어나가는 것이다. 몸에서 그것은 다시 교류하는 움직임을 수반한다. 치료 과정에서 행위단계는 내담자가 깊은 호흡을 하거나 걸을 때, 이야기할 때, 또는 다른 사람과의 관계에서 새로운 감각과 표현을 만들어낸다고 보고하는 경우에 해당한다. 그 단계에서는 치료 과정에서 일어난 변화가 일상 삶과 관계에서 구체화될 것이라고 확신한다. 그것은 12단계 프로그램의 마지막 단계—우리가 깨어 있음을 확인하면서 다른 이에게 메시지를 전하는 단계—를 반영한다. 무빙 사이클의 행위단계에서 우리는 몸을 삶과 춤추는 무대로 가져간다.

행위단계 안에는 변화가 실현되고 사랑이 의미 있는 어떤 것이 되기 위해 세상에 구현되어야 한다는 전제가 있다. 새로운 각성이 일어나고 새로운 무빙 사이클을 시작하기 위해 우리는 자신 외부의 앞선 변화를 연습해야 한다. 게이 헨드릭스의 표현을 빌리자면 행위는 이제 우리를 단순한 소비자가 아니라 생산자로 만든다.

무빙 사이클의 4단계는 이렇게 연결되어 모든 수준의 회복과 변화를 촉진하는 연속체를 형성한다. 신체적·감성적·인지적, 그리고 영성적 수준 각 단계는 모두 하나의 경험이면서 회복의 전 과정을 통하고 있다. 하나의 경험 안에서 그 사이클은 몸에서 무슨 일이 벌어지는지 그리고 경험의 질과 감각을 묘사하면서 하나의 이슈에 대해 이야기함으로써 시작할 수 있다. 그리고 우리는 경험의 진실을 연속적으로 이야기하는 경계 안에서 경험을 깊게 발전적으로 허용하면서 그것에 초점을 맞출 수 있다. 경험이 완전하게 표현된 생각과 느낌, 감각이라는 미지의 바다를 통해 우리를 움직여나갈 때 우리는 자율적으로 내재적 욕구충족을 발견하고 존재의 갈라진 틈과 후미진 곳이 친숙하게 느껴진다. 그리고는 다른 사람들과의 관계에서 이 경로를 사용하면서 이 새로운 경로를 바깥세계에도 적용할 수 있다.

치료 과정의 무빙 사이클은 내가 지금 여기에 묘사할 면담치료 내용과 거의 일치한다. 이 면담치료는 내가 수년간 일했던 콜로라도 주 볼더시에 있는 중독회복센터에서 있었다. 내담자는 알코올 중독 회복 과정에 석 달째 접어들고 있었다. 우리는 한 달간 면담했고 이번에는 그녀의 개인적 과거를 알아야 했다. 나는 그녀에게 깊이 숨 쉬는 방법을 가르쳤고 몸에서 일어나는 감각에 친숙하도록 가르쳤다.

그녀는 흥분 상태였고 정신없이 빠르게 이야기했다. 그녀는 직장상사가 한 번만 더 늦으면 쫓아내겠다며 위협했다고 말했다. 그녀는 자신의 여러 가지 스트레스를 근본적으로 이해하지 못하는 나치 투사 같은 직장 상사에 대해 입에 거품을 물고 이야기했다. 하필이면 그런 사람이 자기의 상사인지, 일도 아무튼 맘에 들지 않고, 더욱이 그는 직원들에게 항상 거짓말을 하기 때문에 결코 천사가 될 수 없다는 등의 넋두리였다. 그 기나긴 연설은 아무래도 '고통 속의 나'에 대한 넋두리와 함께 상당 시간 계속될 것 같았다. 나는 언제쯤 이 연설이 끝날지 괴로워지기 시작했다.

그녀는 자신이 의식하지 못하는 사이에 분노를 발산할 때 어깨를 위아래로 번갈아 움직이면서 들썩거리고 있었다. 그녀가 잠시 말을 멈추었을 때 나는 그녀에게 스스로를 챙겨보고 바로 그 순간 느낌이 어떤지 알아보라고 권했다. 처음에 그녀는 내 주문을 불편해했다. 내가 그녀의 말은 듣지 않고 멍청한 몸에 대해 관심을 갖는다고 불평했다. 나는 그녀의 비난이 여러 가지 면에서 사실이라는 점을 확신시키고 그녀의 이야기를 일일이 듣기보다는 그녀의 말 이면에 있는 그녀의 본질적 자아를 깊이 경청하고 싶다고 이야기했다. 그녀는 말을 멈추고 눈을 크게 뜨며 눈물을 글썽이기 시작했다. 그녀는 눈을 감고 가슴이 마구 뛰며, 분노와 수치심이 느껴지고, 울고 싶다고 말했다. 그녀의 어깨는 활처럼 휜 채 이야기를 할 때 위아래로 움직이고 있었다.

나는 그녀에게 잠시 말을 멈추고 자신의 느낌, 특히 어깨에서 일어나는 느낌에 집중할 것을 주문했다. 그녀는 다시 눈을 감고 의식을 내면으로 돌렸다. 그리고 등 위쪽을 가로지르는 긴장이 느껴짐을 주목했다. 나는 이어서 그 긴장을 더욱 강화시켜보고 느낌이 어떤지 알아보라고 주문했다. 그녀가 내 말을 따를 때 어깨가 들어 올려지면서 안쪽으로 조여졌다. 나는 계속해서 그 상태를 유지해보고 어깨가 그렇게 되었을 때 느낌이 어떤지 알아보라고 했다. 잠시 후 그녀는 두 손으로 얼굴을 감싸며 의자에 퍼져 앉아 조용히 흐느끼기 시작했다. 울음을 그치고 그녀는 여덟 살 때의 기억, 고함을 치면서 그녀의 뺨을 때리는 아버지 앞에서 움츠리고 있었던 기억을 이야기했다. 그녀는 어깨를 움츠려서 얼굴을 보호하고 있었던 것이다. 이 사건을 기억해내면서 그녀가 더욱 깊이 흐느꼈다. 약 10분 정도 지나서 그녀가 진정되었을 때 우리는 일어나서 긴 포옹을 했다.

우리는 다시 자리를 잡고 앉았고 나는 그녀의 상사가 그녀의 기억과 어떤 식으로든 연관이 있지 않느냐고 물었다. 그녀의 대답은 예스였다. 다른 사람에게 야단맞는 일은 죽어도 싫었고 그럴 때면 늘 아버지에게 얻어맞은 기억이 떠올랐다는 것이다. 얼마나 자주 야단맞는 느낌이 일어나느냐고 물었더니 자주 심하다는 것이었다.

"그렇다면 당신은 기분이 자주 엉망이 되었겠네요?" 하고 내가 이야기했다. 그녀의 눈이 다시 커지면서 나를 흘겨보더니, "또 시작하는 건가요?"라고 한다. 그러나 이번에는 웃을 수 있었다. 그녀의 어깨는 훨씬 이완되어 보였다. 우리는 그녀의 몸에 변화를 줄 만한 몇 분 동안의 깊은 호흡과 함께 그날 치료를 마쳤다. 그 다음에 이어진 치료면담에서는 상처나 수치심에 친숙한 바로 그 느낌을 다시 만들어낼 수 있도록 그녀 스스로가 비판적이 되는 방식을 찾아보았다.

이것은 심한 중독에 걸린 내담자와의 집중 치료면담의 예이다. 이것은 또한 무빙 사이클이 어떻게 작동하는지 잘 보여준다. 무빙 사이클 내에는 [치료사가 알고 있어야 할] 다섯 가지 치유(intentions)와 다섯 가지 개입(interventions)이 존재한다. 다섯 가지 치유는 아래와 같다.

1. 양육(보살핌)
2. 지탱(지지대)
3. 도전
4. 성찰
5. 공간 부여

스스로를 양육(nurture)하는 일은 우리가 태어날 때 이상적으로 주어졌어야 할 것들—자기 수용, 자기 확신, 자아 사랑 등—을 스스로 하는 것이다. 이 요소들은 직접경험의 포기라는 고통에 있을 때 세상과의 관계에서 가장 잃기 쉬운 것들이다. 보살핌은 기본 욕구이고 치료 시 직접적이고 실천적인 방식으로 공급된다. 앞서 언급한 치료면담에서 내가 내담자를 포옹하고 그녀의 진실한 감정에 귀를 기울인 것이 보살핌의 한 예이다.

지탱(support)은 붙잡아주고 함께하고 감정이 일어나는 컨테이너를 갖는 것과 관계가 있다. 치료사는 내담자들이 왜곡되지 않은 태도로 느낌을 갖도록 허용할 때 그들에게 지지대를 공급할 수 있다. 치료사가 자리를 지키고 내담자의 분노를 개인적으로 받아들이지 않을 때 그 내담자를 지탱하고 있는 것이다.

도전(challenging)은 상급 기능이다. 그것은 공격적이거나 폭력적이 아니면서 혐오감을 잘라낼 수 있는 능력을 요구한다. 그 과제의 본질은 내담자나 친구가 치료사 앞에서 중독현상을 보이지 않도록 하는 것이다. 앞의 예에서 나는 내담자의 끊임없는 불평, 즉 그녀의 몸에서 나오면서 무책임과 거부로 수렴하는 그 행위에 도전했다. 도전은 중독 과정에서 맞닥뜨려야 하는 필수적인 수단이다.

성찰(reflecting)은 거울이 되는 것과 같다. 치료사로서, 친구로서 우리는 보고 들은 것에 대한 피드백을 줌으로써 우리 앞에 있는 사람이 그것을 명확히 볼 수 있도록 한다. 어려운 부분은 사람들이 우리에게 전체 모습을 결코 드러내지 않는다는 것이다. 그들은 부분적으로 가면을 쓰고 인정받기 위해 우리가 보고 싶어 하는 것을 보인다. 그래서 치료사의 과제는 내담자들이 의식적으로 보이고 싶어 하는 것은 물론 숨기고 있는 것까지 깊이 찾아내서 다시 성찰해내는 것이다. 성찰은 칭찬이나 비난, 왜곡

없이 전체를 인지하는 정확성과 관계가 있다. 내가 내담자 어깨가 올라가는 것을 주목하면 내담자는 전에 항상 그래왔던 방식을 반복하기보다 그것을 통해 학습하는 능력에 접근하면서 지나온 경험의 전체 그림을 구상하게 된다.

마지막으로 공간 부여는 치료사나 친구들의 참견 없이 자신의 직접경험을 참아낼 수 있도록 허용한다. 그것은 종종 단순한 침묵을 구성한다. 그것은 자신의 경험을 허용하고 자신의 느낌에 책임 있는 생동감을 제공하는 효과가 있다. 내가 앉아서 내담자가 어떻게 느끼는지 스스로 알려주도록 기다릴 때 그녀가 본질 속에서 자신의 길을 발견하도록 돕는 공간을 제공한 셈이다.

다섯 가지 개입은 아래와 같다.

1. 반복
2. 대조
3. 강화
4. 구체화
5. 일반화

이 다섯 가지 개입은 무빙 사이클을 통해 내담자의 향상을 가속화하는 순간 처방식의 치료행태들이다. 먼저, 내담자에게 반복을 요청할 수 있다. 이것은 단순히 그들이 이미 무의식적으로 행위하고 있었던 것들에 대해 깨어나게 한다. 어깨를 움츠려보라는 나의 요청으로 그녀는 이미 움츠리고 있던 자신의 행태를 자세히 들여다보게 되었다.

대조(contrasting)는 역으로 행하는 것을 뜻한다. 꼬리표 움직임은 종종 어떤 것으로부터 벗어나기 위한 시도이다. 대조적인 움직임을 만듦으로써 우리는 피하고 싶은 것을 향해 갈 수 있다. 검지를 엄지에 문대는 행위는 내게 익숙한 꼬리표 움직임의 일례이다. 내가 그 반대동작을 취할 때, 즉 두 손가락을 넓게 벌리면 공격을 받아 손으로 막아낼 때와 유사한 움찔하는 공포감을 만난다.

강화(intensification)는 음악의 언어를 들을 수 있도록 자신의 내부 스테레오 볼륨을 높이는 것과 같다. 앞의 내담자에게 내가 어깨의 웅크림을 강화하라고 주문했을 때 그녀는 자신의 깊은 내면에서 나오는 소리를 들을 수 있었다. 어떤 것을 강화하면 우리는 그 소리를 확대시켜 그것이 가져오는 메시지를 놓치지 않을 수 있다.

일반화(generalizing)는 보통 부분에 제한되어 있는 경험을 전체에 적용하는 행위이다. 몸에서 눈을 약간 조이는 것이 이마를 조이고, 입, 주먹, 가슴을 조이는 것으로 일반화하여 우리에게 동기를 주는 감정을 실제로 지탱할 수 있는 것과 유사하다. 위의 면담에서 일반화의 예는 일개 사건을 그녀의 중독이 수치심과 상처가 되는 구조 안에서 말로 푸는 형식을 취하고 있다.

구체화(specifying)는 일반화라는 동전의 반대편에 있다. 때때로 우리는 희미하고 일반화된 식으로 사물을 느끼면 막연하고 묘사하기 어렵다고 말한다. 구체화는 느낌의 뚜렷한 그림을 얻는 데 도움을 준다. 그것은 내가 내담자에게 일반적인 느낌이 어떤지 손으로 보여달라고 요청할 때와 같다. 몇 달 전 나는 한 내담자에게 복부의 느낌이 어떤지 손으로 보여달라고 주문한 적이 있다. 그때 그는 엄마의 무릎에서 좌우로 흔들던 기억을 상기하면서 파도치는 동작을 만들었다. 그 이미지는 그가 여자친구를 향할 때 갖는 부드러운 느낌을 만나는 데 도움을 주었다.

다섯 가지 치유와 개입은 무빙 사이클 내에서 일어나는 기능으로 서로

밀접하게 연관된 구조를 형성하고 있다. 계속해서 몸을 주목함으로써 그 기능들은 우리로 하여금 자아 탐색의 길을 밝히고 깊은 내면의 삶을 그 상태에서 자연스럽게 경험하도록 한다.

약물 중독에서 회복할 때 어려운 것은 깨어 있음을 유지하는 일과 다른 사람에게 해가 되지 않도록 하는 일이다. 삶을 확신하는 회복단계로 나아갈 때 또 다른 도전에 직면하는데 그것은 행복한 느낌에 대한 것이다. 헨드릭스 부부는 이것을 "상한의 문제(upper limits problem)"라고 부른다. 삶을 제한하는 카테고리에 우리를 가두는 것은 종종 해결되지 못한 내상 뿐만 아니라 단순히 자신이 과도하게 행복하거나, 성공적이거나, 흥분하거나, 들뜨지 말아야 한다는 믿음에 기인한다. 우리에게 그 '적당량'을 가르친 것은 보통 우리의 가족과 문화이다. 나같이 가톨릭 집안에서 길러진 애매한 특징을 여러분이 갖고 있다면 좋지 않은 일이 생길 때 성적인 느낌을 억압하는 습관을 갖는 것이 보통일 것이다. 가족 안에서 똑똑해지는 것은 좋지만 관능적이 되는 것은 바람직하지 못하다. 우리는 종종 우리가 배운 것에 따라 심지어 자신을 제한하고 있다는 사실을 깨닫지 못한다. 단지 세상은 이렇게 돌아가는 것이라고 가정할 뿐이다. 그리고 스스로를 미리 정해진 에너지와 활기의 한계로 밀어 넣는 식으로 중독을 연습한다. 격언은 이렇게 말해주는 것만 같다. "만사가 오케이일 때 이 일이 일어났어, 안 그래? 그것은 단지 너에게 무언가 보여주러 온 거야……." 우리는 삶을 제한하는 상태에서 중독에 걸린다. 모든 일이 잘 되고 있는 바로 그때 우리가 엉망이 되는 경향과 같다. 호사다마가 사실이 되는 것이다.

약물 중독자가 배워야 하는 것들 중 가장 중요한 것은 기쁨과 환각의 차이이다. 환각의 정도는 점점 심해진다. 왜냐하면 환각은 바보의 황금(fool's gold)*같이 기쁨과 비슷해 보이기 때문이다. 기쁠 때 두뇌에서 평온한 즐거움을 만들어내는 엔돌핀이라는 화학물질이 분비된다. 중독성 약물은 엔돌핀을 삼켜버리고 말살한다. 때로는 두뇌가 다시는 그것을 생산해내지 못하도록 영구적인 손상을 입히기도 한다. 장기 중독자들의 경우 엔돌핀을 건강하게 생산해내는 데 몇 년씩 걸리기도 한다. 오랫동안의 타성 때문에 생산 기반이 취약해서 회복이 어렵기 때문이다. 중독자들은 그들이 잃고 있는 것이 '뜨는 기분'이라고 말한다. 이것은 회복을 위해서는 단지 해가 되는 물질로부터의 절제뿐만 아니라 기쁨에 대한 확신과 행복해지는 능력도 길러야 한다는 것을 말해준다.

무빙 사이클은 죽음의 문턱에서 천국의 문까지, 회복의 모든 단계를 위해 고안되었다. 그것은 몸의 자연스러운 과정에서 진동과 조율하면서 알맞게 작동하는 방식으로 그 형식이 만들어졌다. 그 총주기는 3분이 걸릴 수도 있고 3년이 걸릴 수도 있다. 우리 모두는 동시에 많은 무빙 사이클상에 있다. 각각 자신의 페이스에서 앞으로 움직이면서 서로서로와 세계에 모두 얽혀 있는 것이다.

관통과 흡수

우리 모두는 남성이나 여성의 몸으로 태어났지만 내면에 양성을 포함하고 있다. 우리 모두는 삶을 충분히 관통하고 흡수하기 위한 능력과

---

* 황철석. 놋쇠 같은 엷은 누런빛을 띠며 금속광택이 있어 광부들이 금으로 잘못 알고 캐기도 한 데서 이런 별명이 붙었다.

갈망을 가지고 있다. 융(Carl Jung)은 여자들에게 있는 남성의 원리를 아니무스 그리고 남자들에게 있는 여성을 아니마라고 불렀다. 동양 사상가들은 우리 각각의 내면에 있는 여성과 남성의 원리를 음양으로 말한다. 양성의 해부학은 우리가 가진 기본적 삶의 목적을 위해 적합한 메타포를 창조한다. 그리고 무빙 사이클은 이 목적에 의해 움직인다.

우리의 주요 목적 중 하나는 관통이다. 내 어휘에서 관통은 "신체적으로 뚫고 지나는 것"을 의미한다. 그것은 들여다보고 스스로를 끼워 넣고 삶을 충분히 관통하는 것이다. 우리는 때때로 눈을 가면의 이면에 있는 우리의 본질을 뚫어본다는 의미에서 관통하는 것으로서 '눈'을 이야기한다. 하나의 아이디어를 관통한다는 것은 충분히 이해했다는 뜻이다. 우리가 사랑하는 사람을 관통한다면, 그것은 문자 그대로 우리 몸이 그 사람과 하나가 되는 것이다. 우리는 삶이 이것을 요구하기 때문에 이렇게 한다. 삶은 우리가 그 안에 있기를 요구한다. 삶을 깊이 들여다보고 그것을 이해하는 것이 우리 [삶]의 목적이다.

삶을 관통하지 않고 움츠린 채 살아간다면 우리는 스스로와 세상을 모두 초라하게 만들 것이다. 우리는 세상에서 사랑하는 사람이 될 수 없고 세상의 애인이 될 수도 없다. 남성의 생식기같이 무언가를 발생시키려면 스스로 강인해져서 관통해야 한다. 우리는 스스로에 집중하고 지휘한다. 우리는 삶 속에 스스로를 적극적으로 들여 놓기 위해 몸에 에너지를 가득 채운다. 우리가 특히 감각과 함께 관통하기를 두려워하거나 꺼린다면 생명력은 그만큼 제한된다.

우리는 또한 삶을 흡수하기 위한 생물학적 책무를 지니고 있다. 삶을 우리 안으로 들어오게 하고 그 일부는 우리가 된다. 내 어휘에서 흡수는 신체적으로 들어오게 하는 것 또는 완전한 몰입과 동의어이다. 흡수는 먼저 감각을 통해 성취된다. 감각이 지각(perception)되는 것이다. 흡수를 위해 우리는 스스로 부드러워져야 하고 삶에 투과되어야 한다. 여성의 생식기같이 우리는 스스로를 열고 받아들인다. 우리가 기꺼이 흡수하지 않으면 우리는 굳어져서 삶을 밖으로 내친다. 우리는 삶에 대해 긴장하고 정체되면서 생명력을 제한한다. 그러나 삶은 우리 안에 수용되기를 요구한다.

우리는 스스로 꺼리는 일은 무엇이든지 환경이 처리해줄 것을 요구할 때가 종종 있다. 스스로 주장하고 관통하기를 꺼린다면 삶이 그 관통의 역할을 부여받게 되어 우리는 삶에 의해 조여지는 느낌을 끝내고 말 것이다. 삶을 흡수하길 꺼린다면 삶이 에너지를 모두 삼켜버려 우리를 고갈시키는 것처럼 느껴질 것이다. 우리는 성숙하지 못한 노력으로 스스로 하기 싫어하는 과제를 삶에 던져버림으로써 삶의 노예가 되어 삶이 일방적이라고 비난한다.

무빙 사이클은 삶을 관통하고 흡수하려는 우리의 의지를 회복시킨다. 그것을 통해 잃었던 관통과 흡수의 기능을 다시 배우고 삶에 대한 투과적인 경계를 다시 설정함으로써 삶의 목적들을 계발한다.

각성단계에서 우리는 감각을 회복한다. 감각은 계발되기 위해 두 가지 형태의 주의력을 필요로 한다. 하나는 집중적인 주의력이고 다른 하나는 폭넓은 주의력이다. 때때로 하나의 분별된 사물에 집중적인 주의력이 필요할 때가 있다. 가령 아들이 롤러블레이드를 타다가 심하게 넘어졌다면 나는 우선 아들의 몸이 괜찮은지에 주의를 집중할 것이다. 집중수련이라고 부르는 명상수련은 이러한 주의력을 계발한다. 집중수련에서 우리는 촛불(또는 다른 대상)을 바라보고 가능한 한 그것에만 주의력을 집중시킨다. 우리가 어떤 것을 깊이 들여다보고 이해하여 관통하기를 배우는 것은 이러한 형태의 주의력을 통해서이다.

다른 폭넓은 형태의 주의력을 통해 우리는 초점에서 벗어나 어느 특정한 것에 주의를 주지 않는 상태가 된다. 이것은 내가 심미적인 대상을 바라보고 있을 때 사용하는 주의력이다. 나는 감각을 전체 풍경에 떠나보내고 그것을 통째로 들이킨다. 수업에서 학생들을 가르칠 때—특정 개인보다는 전체 클래스가 어떠한지를 감지하기 원할 때—나는 이러한 형태의 주의력을 사용하길 원할 것이다. 이러한 기능을 개발하는 명상수련도 물론 있다. 이러한 형태의 주의력은 우리의 흡수성, 광범위한 수법으로 삶을 조망하고 전체적인 이해를 갖는 능력을 회복한다.

각성단계에서 우리는 주의력과 다시 친숙해지고 우리 몸이 어떻게 관통과 흡수 기능을 제한하도록 습관을 만들어왔는지 감지하게 된다. 주의력은 능동적이면서 동시에 수용적 기능이다. 무빙 사이클은 삶의 잡동사니를 일일이 챙기는 것이라기보다는 잃어버린 기능과 본질을 회복하는 과정이다. 각성단계에서 우리는 정말로 깨어 있는 방법을 다시 배운다.

고백단계에서도 흡수와 관통의 면모를 확인할 수 있다. 이 단계는 우리가 각성하고 있는 대상과의 관계, 감각과 함께 실제로 춤을 추는 단계이기 때문에 우리는 스스로와 다른 이의 내면으로 회오리쳐 들어간다. 이런 일이 일어나기 위해 우리는 잠수하여 우리를 움직이고 변화시킬 경험의 깊이를 수용적 자세로 허용한다. 무용치료의 개척자 중 한 사람인 메리 화이트하우스(Mary Whitehouse)는 이것을 움직임과 움직여짐으로 묘사했다. 우리는 느낌을 가지고 움직일 때 그 안에서 충분히 책임을 수반하고 있는 것이다. 그것을 붙잡거나 밀어내지 않는다. 우리는 삶의 에이전트가 됨으로써 삶과의 관계를 가장 효과적으로 만든다.

스스로에게 움직여지도록 허용하는 것은 우리의 수용적인 면과 관련이 있다. 우리는 삶에 의해서 우리 자신이 변화되고 움직여지도록 그것을 감싸안는다. 종종 사람이나 사건들이 우리를 웃기고 울린다고 말한다. 감정은 사실 단기적인 변화의 에이전트로서 고안되었다. 감정을 통해 우리는 환경 안의 자연스러운 변화에 적응하면서 어떤 상태에서 다른 상태로 움직인다. 이런 일이 일어나도록 허용함으로써 자신과 세계에 반응하고 책임지는 관계에 머물게 된다.

우리는 감정의 이입이 마비된 사람을 미쳤다고 이야기한다. 움직이지 않는 사람을 긴장증(catatonic)이나 우울증에 걸렸다고 말하고, 움직여지지 않는 사람을 반사회적이라고 부르거나 자폐증에 걸렸다고 말한다. 우리가 양 극단을 왔다 갔다 하는 습관을 들이면 삶과의 투과관계가 다시 부드러워진다.

수용단계에서 투과성은 사랑하는 능력과 관계가 있다. 우리는 느낌을 충만히 느낌으로써 삶의 무상함—성장하고 정점에 섰다가 쇠퇴하는 것— 을 알고 우리가 사랑하고 사랑받을 수 있는 공간을 창조해낸다. 이 단계에서 나는 내담자들이 자기 자신과 다른 사람에게 투명해질 수 있다는 생각을 가지고 임했으면 한다. 한 부부를 치료하는 과정에서 남편은 짜증스럽게 아내에게 소리를 질러댔다. "당신에게는 보이고 싶지 않단 말이야!"

이어서 내가 조용히 그에게 물었다. "그렇지만 당신은 스스로가 가시적이 되도록 허용하는 편이 낫지 않겠어요?" 이 말은 남편이 보이길 싫어하도록 만든 아내의 무관심은 물론 남편이 가지고 있는 노출 억제의 습관을 들여다볼 수 있도록 그 이슈를 재구성했다.

수용단계에서 우리는 자신이 누구인지 어디에 있는지 깊이를 가시화한다. 창문에서 가리개를 말아올리는 것이다. 이 가시성이 커지려면 사랑이 창문을 통해 들어오고 나갈 필요가 있다. 다른 말로 사랑의 빛은 우리를 비추고 우리에게서 나온다. 우리는 세계의 사랑을 안으로 들일 수 있는가? 다른 사람들의 보살핌과 애정을 흡수할 수 있는가? 또한 다른 이들에게 사랑을 드러낼 수 있는가? 우리는 사랑하는 대상에게 사랑의 빛을 관통시킬 수 있는가? 사랑은 자동온도조절장치의 상한을 다시 조정하게 한다. 그것은 조건부 사랑에 대한 이유와 구실을 허물어버린다.

행위단계에 도달하면 우리는 새로운 차원의 관통과 흡수 기능을 준비한다. 스스로와 세계를 동시에 움직이고 영향을 주면서 주도적이고 수용적인 삶을 영위한다. 또한 자신의 투과 능력을 알맞게 조율하고 연습하는 기회와 경험에 관여한다. 우리가 삶을 투과하는 것에 대해 진정한 의미와 목적을 갖는다. 우리는 아이를 키우고 일을 하고 가족을 사랑한다. 우리가 투과적인 존재가 될 때 삶은 고양되고 인간의 진화는 긍정적인 방향으로 움직인다. 행위는 매우 실용적이다. [이러한 행위를 통하여] 그릇이 닦이고 세계가 유지된다. 주도적인 행위와 수용적인 행위가 함께 춤출 때 우리는 변화와 삶의 에이전트가 된다.

이 책의 후반부는 충만하고 활기찬 삶을 다시 찾기 위해 몸을 사용하는 구체적인 방법들을 들여다본다. 우리는 무빙 사이클을 촉진하기 위해 여러 가지 간편한 원리들을 사용할 수 있다. 그것은 치료면담이 될 수도 있고 숲을 산책하는 방식이 될 수도 있다. 아니면 명상수련이나 저녁식사를 준비하는 일이 될 수도 있다. 우리가 인간의 진화에 기여하는 일은 삶이라는 도구에 적절한 주의력을 주면서 반응이나 개입을 통하는 자신의 행위 속에서만 가능하다. 루미의 다음 물음에 우리는 다시 한번 눈을 뜬다. "당신은 매일 자신을 방문합니까?" 우리는 삶의 사이클을 따라 자신을 움직여 본질적 자아를 끊임없이 방문할 수밖에 없다.

회복의
몸으로
다시 나기

무빙 사이클의 구체적 전략

5. 바탕전략: 각성

> 몸의 특정 부분에 의식을 집중하면
> 그곳에 직접적인 신체적 반응이 나타난다.
> — 찰스 다윈(CHARLES DARWIN)

　각성은 주의력을 집중하는 것, 지금 이 순간에의 몰입, 깨어 있는 상태를 의미한다. 몸은 자극을 받아들이고 그것을 해석하여 의미 있는 반응을 연출하는 신경계를 가지고 있다. 신경계는 자율신경계와 수의신경계로 나누어져 있다. 자율신경계에 의한 반응은 반복되는 사건에 대해 일어나며 습관같이 예측할 수 있고 자동적이다. 그 때문에 숨을 쉬거나, 소화시킬 때, 반사작용이 일어날 때 의식적으로 생각할 필요가 없다. 우리가 그런 행위에 대해 생각하고 산다면 나머지 것들을 할 시간이 없을 것이다. 수의신경계는 새롭고 예측할 수 없으며 끊임없이 변화하는 사건들을 위해 디자인되었다. 우리는 고정된 방식으로 행동하지 않음으로써 문제를 해결하고 빠르게 적응하고 창조적이 될 수 있다. 진화의 계보를 따라 올라가면 생명체는 수의신경계가 거의 없는 유충에서 인간같이 자유의지를 가지고 반성하는 엄청난 능력을 가진 생물로까지 발전한다. 물론 우리 모두는 고정된 프로그램과 자유의지에 의한 프로그램 모두를 필요로 한다.

이렇게 삶은 습관과 충동이 끊임없이 함께 춤을 추는 무대이다. 모든 생명체는 어느 정도의 고정 프로그램을 유전적으로 물려받는다. 그러나 진화의 계보를 올라갈수록 생명체들은 고정이 덜 된 프로그램을 가지고 있다. 그런 생명체들은 어린 시절에 경험을 통해 많은 것을 배우고 익혀야 한다. 대부분의 동물들은 날 때부터 불을 무서워한다. 그러나 인간이 불을 두려워하는 것은 불의 위험성을 배웠기 때문이다. 어떤 것을 알기 위해 직접경험을 사용하는 인간의 능력 때문에 우리는 적응에 뛰어나고 창조적이다. 또한 그것은 어린 시절의 경험이 우리 행동에 엄청난 영향을 갖고 있음을 알려준다. 어릴 적 경험은 습관이 되는 대상에 영향을 미칠 뿐만 아니라 그것과 함께 우리가 갖는 습관의 양에도 영향을 미친다. 어떤 이들은 각성능력이 습관적으로 제한되어 꽃이나 아름다운 석양도 그냥 지나치지만 어떤 이들은 그것들을 음미하며 감각경험을 탐닉한다.

각성은 어렸을 때부터 형성되는 가장 원초적인 메커니즘 중의 하나이다. 우리는 지각능력의 한계(가령 독수리만큼은 아니지만 상어보다는 잘 볼 수 있다)를 가지고 있는 눈, 귀, 코, 피부, 혀 등의 감각기관과 함께 태어난다. 더욱이 우리는 위기의 순간 [생존에] 중요한 것을 그렇지 않은 것으로부터 구별해내는 생물학적 생존욕구를 갖고 있다. 이 메커니즘을 도지(圖地, figure/ground) 관계라고 부른다. 그것은 특정 지각을 최전면으로 이동시키고 다른 것은 이면으로 보내는 성향을 말한다. 우리 앞에서 호랑이가 으르렁거리면 미풍에 날아드는 재스민 향에 신경 쓸 겨를이 없을 것이다. 사랑하는 이가 팔을 만지면 무엇보다 그것이 느껴질 것이며 앉아 있는 의자를 미는 바닥의 압력 따위는 느껴지지 않을 것이다. 우리는 많은 일이 주변에서 일어날지라도 한 번에 한 가지에만 주의를 집중할 수 있다. 인간은 어린 시절의 경험을 통해 대체로 무엇이 중요한지 알고, 따라서 어느 순간 무엇에 주의를 기울여야 할지 결정한다.

신체적 관점에서 몸의 무의식은 우리가 수용하지도 관여하지도 못하는 무의식으로 정의될 수 있다. 전통적인 정신적 무의식 모형같이 신체적 무의식도 정보와 기억, 억압된 삶의 풍요로운 보고이다. 신체적 무의식은 각성단계를 통해 접근할 수 있다. 우리는 그동안 습관적으로 주의를 기울이지 않았던 부분에 주의를 집중시킬 수 있다. 감각기관이 인지하는 어떤 것에든 기꺼이 참여함으로써 스스로를 확장시키고 적응력을 높이며 세상을 풍요롭게 만든다.

어릴 적 경험, 가족, 종교, 문화 모두가 각성의 형성을 위한 주춧돌로서 지금의 사고와 행동은 여기에 알맞게 형성된다. 인간 시스템은 생존을 보장하는 필수적 자율 습관을 공급하고 이어나가도록 고안되었다. 이 시스템의 전이는 부모가 해야 할 중요한 역할 중의 하나이다. 우리는 아이들에게 세계가 어떻게 작용하는지 가르쳐야 한다. 왜냐하면 아이들이 그것을 스스로 알기에 충분한 유전적 프로그램을 갖고 있지 못하기 때문이다. 부모의 또 한 가지 주요 역할은 아이들이 창조적으로 행동하도록 하기 위한 능력을 배양하고 지켜주는 것이다. 아이들은 종종 건강한 습관이 형성되기에 지나치거나 부족한 보살핌 때문에 비정상적인 성인으로 자라난다. 이것이 중독의 기초가 된다. 가족, 사회, 그리고 뜻하지 않은 사건들은 우리가 무엇에 주의를 주어야 하는지 그리고 우리에게 가용한 주의력의 양은 얼마나 되는지 결정한다.

나는 커플치료를 할 때 종종 [내담자들이] 주의력과 관련된 습관에 문제가 있음을 목격했다. 한 커플의 경우, 아내의 부모는 착하고 말 잘 듣는 어린이가 되도록 끊임없이 잔소리를 했다. 그리고 아내는 그런 잔소리에 길들여져 있었다. 반면 남편은 어린 시절에 대개 부모의 관심에서 벗어나, 자기 방에서 혼자 놀도록 길들여져 있었다. 어른이 된 후 그들은 모두 자신이 길들여진 것에서 비롯된 주의력 관련 습관을 형성하고 있었다. 아내는 뭘 하든지 간에 야단맞을 것이라고 가정하는데, 남편은 무조건 무시당할 것이라고 가정한다. 이 부부는 소위 자기만의 안경을 쓰고서 자신이 예상하는 프로그램대로 상대가 행동하는 것이 아니면 제대로 볼 수 없었던 것이다. 단지 그들의 고정된 주의력에 의한 프로그램과 공명하는 것만 알 수 있었다.

사건이 하나 발생하면 그것은 신경계에 자극을 주면서 감각에 영향을 미친다. 우리는 이 자극에 주의하거나 무시할 수 있다. 그것이 우리 생존에 영향을 주면 절대적인 주의를 기울인다. 배고플 때 나는 음식 냄새같이 우리가 [자극에 의해] 동기화될 때에도 주의를 기울일 것이다. 생존과 [자극으로 인한] 동기화를 넘어서도 거기에 흥미가 있으면 주목하게 된다. 우리는 어린 시절부터 수많은 생존 이슈에 연결되어 있다. 그 이유는 어떤 사람에게 위협적인 것이 다른 사람에게도 위협적이어서 여기에는 고정된 프로그램을 제공할 수 있기 때문이다. 동기 유인 또한 대체로 배고픔이나 목마름같이 생물학적 욕구에 의해 결정되지만 개별적으로 나타난다. 우리의 구조와 기능의 차이는 우리가 배고픔을 느끼는 지점, 추위를 느끼는 지점 등과 같은 것들에 영향을 준다. 어릴 적 환경이 이 차이를 형성한다. 한편 흥미는 대개 개개인의 독특한 기질과 어릴 적 학습경험에 의해 결정된다. 개인의 발달사와 관련된 환경은 어떤 경험은 선호하고 다른 것은 외면하도록 인도할 것이다. 어떤 가족은 성적인 욕구를 억압하고 무시하도록 가르칠 것이고, 또 어떤 가족은 아이들에게 그것을 즐기도록 가르칠 것이다. 어떤 문화는 여자의 활동을 억제하는 신념체계를 부과하고, 다른 문화는 여자의 활동을 촉진하는 신념체계를 요구한다. 어떤 가족이나 문화는 삶에 대해 더욱 '움츠리는' 쪽으로, 다른 경우는 삶을 더욱 '음미하는' 쪽으로 가르칠 것이다. 내 경험에 의하면 중독은 감각이 깨어 있음과 각성 상태를 벗어난 움츠림에 뿌리를 두고 있다. 그 이유는 [각성 상태에서] 우리가 끊임없는 흥미와 호기심으로 세계를 바라보려는 생물학적 욕구를 갖고 있기 때문이다. 만약 이러한 욕구가 좌절되면 보통 욕구박탈의 고통을 경험하고 고통을 무마하려고 대체만족을 찾게 마련이다.

어릴 적 환경형성(environmental shaping)은 어떻게 일어나는가? 85쪽 <그림 4>의 의미화 과정의 갈림길을 기억해보면 정보의 해석과 성찰 중 어느 쪽을 선택하는지, 판단과 포용, 통제와 [긍정적인] 반응 중 어느 쪽에 익숙해지는가에 의해 어릴 적 경험이 형성되는 것을 볼 수 있다.

대개는 삶에서 부딪치는 사건과 함께 시작한다. 가령 A와 B가 차를 운전하고 있다고 가정해보자. 그 앞에 빨간불이 있고 둘 다 그 앞에 정지한다. A는 신호등 앞 정지선에 차를 세우고 주변 교통 상황을 체크한 뒤 라디오에서 흘러나오는 음악에 귀를 기울인다. 그는 스스로에게 자신의 경험을 [있는 그대로] 묘사하고 있는 중이다. 그는 열린 자세로 호기심을 가지고 경험을 대한다. 신호등을 바라보면서 음악에 따라 노래하고 가볍게 몸을 흔들기 시작한다. 경험과 함께 그것이 이루어지는 방식을 성찰하고 있는 것이다. 기분이 좋아진다. 그 노래는 아내에게 이야기하고 싶던 순간을 생각나게 한다. 그는 경험을 따라가면서 나타나는 감응 행위 안에서 자신과 노래, 아내를 포함시키고 있다. A는 호기심 많고 민감하며 세계에 대해 관심을 가지고 열려 있던 어린 시절을 보냈기 때문에 이렇게 할 수 있다. 세상과 당위적 통제를 위해 씨름하기보다 [있는 그대로의] 현재와 관계를 강화하도록 부모에게서 교육받았다.

한편 B는 신호등 앞에 서서 안절부절못한다. 이 신호 때문에 일에 늦어질 것이기 때문이다. 그는 자신의 경험을 해석하고 그것에 의미를 부여한다. 일에 늦는 것을 싫어하고 그런 일이 생기는 것을 참기 어려워한다. 자신의 경험에 가치를 부여하고 그것이 잘못되고 나쁘다고 판단한다. 좋지 않다면 그것을 바꾸기 위해 무언가를 해야 한다. 자신의 경험에 대한 통제의 욕구가 일어난다. 시 관계자에게 전화를 걸어 형편없는 신호등 문제에 대해 귀가 아프게 불평을 하면서 문제를 해결하려 한다. B의 어린 시절은 그가 현재 경험을 끊임없이 [일정 기준에] 비교해야 하는 제한적인 가치기준에 주의를 기울이도록 체계화되었던 것이다. 현재의 경험이 세상의 당위적 과제로서 그가 배운 것과 맞지 않는다고 여기며 존재와 당위 사이의 차이를 놓고 안절부절못하게 된다. 그것은 엄청난 시간과 에너지를 앗아간다. A의 필터를 통하든 B의 필터를 통하든 빨간불은 그대로이고 A나 B의 감정과는 관계없이 세상은 돌아간다.

첫 번째 시나리오에서는 무슨 일이 일어나든지 있는 그대로 경험하는 것이 허용된다. 단순히 그것을 취하고 함께함으로써 심지어 빨간불에서도 우리는 풍요롭고 보람된 경험을 한다. 두 번째 경우에서는 있는 그대로의 상태에서 움츠러든다. 이 상황이 잘못되었으므로 [우리 경험에] 통제가 따라야 한다는 자기 함몰의 시나리오에 손을 들어준다. 통제의 시도는 중독의 상투적 활동방식이다.

가족과 문화는 우리가 어떤 경험을 긍정적으로 받아들일 것인지, 아니면 그것을 해석하고 통제해야 할지를 결정하는 데 많은 영향을 끼친다. 즉, 문자 그대로 해석과 판단을 위한 조건이 되는 것이다. 인종차별과

성차별은 조건화된 종류의 판단을 보여주는 전형적인 예이다. 우리는 피부색과 성이 마치 선악의 판단 속성을 갖고 있는 것처럼 해석되어야 한다고 배웠다. 공격적 성향의 사람은 순종하도록 통제해야 한다는 것이다. 조건화는 또한 우리가 어떤 것을 좋다고 판단하는 원인이 된다. 크리스천이면 좋고 유대인은 나쁘다는 식이다. 한쪽 사람이 좋다면 항상 다른 편의 사람은 나쁘다는 것을 의미한다. 어떤 것이 좋으면 통제의 욕구는 그 좋은 것이 떠나가지 않도록 지킬 필요가 있는 것으로 나타난다. 예컨대 우리는 배가 부르거나 아파도 초콜릿을 먹을 것이다. 중독은 각성으로부터 움츠리는 과정이고 자신의 경험을 해석, 판단하고 통제하려는 시도이다.

삶에 대한 호기심, 열림, 깨어 있음을 되찾기 위해서는 목격자가 필요하다. [목격자의 눈을 통해] 세계를 있는 그대로 경험하는 능력을 되찾을 필요가 있다. 목격자란 현장에 있으면서 관찰하는 사람이다. 우리는 모두 이 목격하는 능력을 가지고 태어났다. 어떤 이들은 그것을 즐기고 또 어떤 이들은 그것을 닫아버렸다. 우리가 자신의 삶을 목격하는 능력을 닫아버린 지점에서 중독은 시작된다.

대부분의 영성적 전통들은 이 내면의 목격자를 개발하는 메커니즘을 가지고 있다. 아마도 이것이 중독에 걸린 많은 사람들의 회복 과정에서 관상이나 명상, 기도 등의 영성 전통이 강조되는 이유일 것이다. 이들은 모두 세계를 목격하는 능력을 고양시킨다. 명상은 특히 우리가 자신의 생각에 빠지지 않고 의식하고 있는 내용으로부터 분리되어 있는 그대로의 순수한 상태에 깨어 있도록 도지관계를 바꾸기 위해 디자인된다. 샘 킨(Keen, 1983: 140)은 그것을 다음과 같이 표현하고 있다.

중독의 치료는 목격하는 자아(witness self)를 발달시킬 수 있는가에 달려 있다.

내가 눈앞의 욕구를 멈추고 [습관적으로] 고정된 행동을 취하지 않을 때 더욱 폭넓은 욕망의 범주를 들여다볼 수 있게 된다. 그리고 내가 진정으로 만족하는 것을 자유롭게 선택할 수 있다…… 중독의 환상은 우리의 무의식적인 욕망을 중복적으로 배가시킨다. 우리가 각성 안에 잡히는 모두를 초대할 때 어떤 특정 물질이나 활동, 사람도 이를 완전히 만족시키기는 불가능하다는 것을 알게 된다. [내면의 목격자와 함께] 우리는 고정의 보호막을 벗어나 자아와 세계의 다양성과 사랑에 빠지는 모험을 시작한다.

몸 안에서의 각성

목격하는 능력은 신체적 수준에서 중추적 역할을 한다. 유아로서 첫 경험은 신체적이기 때문이다. 우리가 처음 배우는 것은 몸의 움직임을 위해 알맞게 주의를 기울이는 것이다. 자신의 주의력을 조율하기 위해 사용하는 전략은 이렇게 몸을 통한다. 그리고 [각성능력의] 회복 역시 몸 안에서 처음 이루어질 수 있다. 그렇다면 구체적으로 몸에서 회복해야 할 것이 무엇인가? 그것은 감각, 호흡, 움직임이다.

감각은 경험이라는 식량을 위한 필수 요소이다. 우리가 실제로 화가 나 있다는 사실은 턱의 긴장, 움켜쥔 주먹을 통해서 확인된다. 장미가 황홀한 것은 그 향기를 느끼고 풍요로운 색깔과 구조를 경험하기 때문이다. 동전 하나를 주고 중독 회복기 환자에게 어떻게 느끼는지 물을 때마다 내가 듣는 대답은 "잘 모르겠는데요" 또는 "그냥 그렇다"라는 것이었다. [느껴지는 세밀한] 감각에 관해 물어보아도 대답은 "별로"이거나 "좋아요" 정도가 보통이다. 중독을 심하게 겪는 사람 대부분에게서 관찰되는 것은 자신의 감각기관과 타협하여 어떤 감각을 지나치게 고통스럽거나 지나치게 즐거운 것으로 기대한다는 사실이다. 나는 종종 "당신 몸이 의자와 닿는 부분이 느껴집니까?" 또는 "숨의 드나듦이 느껴집니까?"라고 질문을 던진다. 그러면 대답은 보통 그렇다는 것이고 "그래서요?"라고 반문하는 것이 일반적인 태도이다. 단지 깨어 있는 경험으로서의 감각은 실종되고 대신에 나쁘고 피해야 할 것이나 좋아서 찾아야 할 것만 감각으로 선택해서 입력하는 연습을 해왔기 때문이다.

긴장하거나 우울해지는 것은 감각을 방해하는 두 가지 지름길이다. 또한 [자연스러운] 움직임을 방해하는 최상의 전략이다. 긴장은 몸 안에 억제된 움직임에서 만들어진다. 무기력이나 늘어짐은 우울해진 움직임이다. (팔 움직임을 위한 근육이 있는) 어깨가 긴장된 다음에 무언가 후려갈기고 싶거나 가고 싶고 붙잡고 싶은 것이 없는지 생각해보라. 가슴이 무너진 다음에 호흡을 다시 가다듬고 여러분이 회피하고 있는 감각이나 감정에 자신을 열어보라. 움직임, 감각, 호흡은 살아 있음의 소산이다. 그것들은 호기심, 민감함, 열림, 그리고 삶에의 참여를 위한 기본을 형성한다. 바로 각성의 기본 요소이고 자신을 회복하는 여행을 위한 에너지이다.

우리는 어두운 곳에서 물건을 찾는 데 익숙하지 못하다. 불이 나가면 물건을 지나치거나 물건에 걸려 넘어지기 쉽다. 이 일은 예상할 수 없기에 당황스럽고 때로는 고통스럽기까지 하다. 이때 필요한 것은 불을 밝히는 일이다. 각성은 내면의 불을 밝히고 우리가 원하는 것을 보고 어디로 가야 하는지 그 밝히고 있는 대상에 초점을 맞추는 행위이다. 그 불을 인도하는 첫 번째 장소가 우리의 몸이다.

인지적 각성

몸은 물론 생각도 주의를 기울이는 습관과 깊은 관계에 있다. 인지적 각성을 통해 세계와 자신을 특정한 방식으로 보도록 길들여진 각성 패턴을 되돌릴 수 있다. 생각과 함께하는 일 중 첫 번째는 생각을 단순히 바라보는 것이다. (생각의 내용과는 무관하게) 지금 이 순간 무엇을 생각하고 있는지 관찰하는 능력을 개발함으로써 우리는 의식 상태를 선택할 능력을 회복할 수 있다. 나는 친밀감을 잃고 관계의 연결점을 찾지 못해 서로를 계속 비난하는 커플을 치료한 적이 있다. 우연한 기회에 나는 그들이 가까워지는 것을 회피하도록 서로를 인정하지 않는 전략을 구사하고 있음을 알아챘다. 여자는 그가 잘했는지 못했는지에 초점을 두고 공격하곤 했다. 남자는 이와 달리 자신의 머릿속으로 들어가 어째서 그 일이 발생했는지를 설명하기 위한 생각에 빠져 있곤 했다.

치료면담 과정에서 전환점이 될 만한 기회가 포착되어 나는 그 남편에게 정말로 지금 그 같은 생각에 잠기기를 원하는지 물어보았다. 그는 내 질문을 이해하지 못했다. 나는 생각은 물론 느낌도 선택할 수 있다고 말하고 지금 그가 무엇을 느끼는지 물었다. 잠시 탐색한 후에 그는 자신이 두려워하고 있음을 깨닫고 아내에 대한 그의 느낌을 이야기할 수 있었다. 나는 아내에게 남편에게 신경 쓰는 대신에 있는 그대로의 자신의 경험에 기꺼이 주의를 기울일 수 있는지 물어보았다. 그녀가 자신에게만 주의를 집중했을 때 자기 자신에 대해 이야기할 수 있었다. 이렇게 주의력을 전환함으로써 부부는 하나의 돌파구를 갖게 되었다.

남편은 익숙한 공포로부터 벗어나 자기 머릿속으로 들어가 생각하는 패턴을 갖고 있었다. 나는 당면 과제가 있을 때 그것에 대한 생각 자체를 하나의 방어전략으로 사용하고 있는 사람이 무엇을 생각하는지 그 내용을 분석하는 것은 치료에 도움이 안 된다는 사실을 알고 있었다. 아내는 친밀감을 형성하기 위해 그녀 자신을 내보일 필요가 있을 때 주의력을 밖으로 향했다. 문제가 바로 그녀의 외향적 주의력에서 비롯될 때 그녀에게 남편에 대한 느낌을 논의하고 분석하는 것은 시간낭비였다.

무빙 사이클의 각성단계에서는 주의력 패턴을 깨워서 전에는 어둡던 우리 내면의 장소에 주의력을 의식적으로 집중시키는 훈련이 필요하다. 이 [훈련의] 원리를 보여주는 재미있는 이야기가 있다. 어두운 길에서 한 사람이 무릎을 꿇고 가로등 아래에서 무언가를 찾고 있었다. 어떤 사람이 와서 그에게 무엇을 하고 있는지 물었더니, 그는 "왜요? 저는 차 열쇠를 찾고 있어요"라고 말했다. "어디서 그것을 잃어버렸는데요?"라고 물으니 그는 길 너머를 가리키며 "저기요"라고 말했다. "그런데 어째서 저길 찾아보지 않는 거죠?"라고 묻자 그가 대답했다. "빛이 여기 있으니까요."

중독 환자들은 치료받기를 원하는 부분과 치료가 정말 필요한 부분을 잘못 알고 있는 경향이 있다. 그 [주의력]의 빛은 잘못된 길목을 비추고 있기 때문이다. 그들은 그 틀린 길목만 잘 알고 있고 무시하도록 길들여진 자신의 어두운 부분들은 알지 못한다. 사실 그 어두운 부분이 생명력을 잃어서 문제가 생기는 건데도 말이다. 주의력은 햇빛이나 물과 같다. 그것에 닿으면 무엇이나 자라나게 된다. 여러분이 빨간 신호등을 문제라고 보면 그것은 점점 더 문제가 된다.

치료사는 내담자들이 의식적으로 보여주는 부분만 아니라 전체를 관찰해야 한다. 내담자들이 치료사가 봐주기를 바라는 것은 주로 사랑과 인정을 받고 싶은 부분일 것이다. 치료사는 그들이 자신의 어느 부분이든지 조건 없이 그 빛에 내어놓도록 도울 의무가 있다. 외부 관찰자로서의 치료사의 존재는 내담자들이 내부를 목격하도록 하기 위한 역할을 담당한다. 치료사로서 내 역할 중 하나는 나의 주의력을 통해 조건 없이 그 내부를 씻어내는 것이고, 그렇게 함으로써 그들은 자신의 어떤 부분은 받아들일 만하고 어떤 부분은 그렇지 못하다고 판단했던 과거의 상처를 원상으로 되돌릴 수 있다. 내가 치료의 종료를 판단하는 시점은 내담자 스스로가 그들의 의식 속으로 들어오는 모든 것을 목격하고 음미할 수 있을 때이다.

이렇게 주의력의 사유패턴을 다루려면 먼저 어떻게 그리고 어떤 대상에 주의력을 사용하는지를 보아야 한다. 그 내용보다는 과정과 함께 일해야 한다. 전에 언급한 대로 우리는 느낌을 무시하고 생각의 스위치를 올리는 데 중독될 수 있다. 또 다른 형태는 어떤 것에 대해 지나치게 생각한 나머지 그것이 사실처럼 받아들여질 수 있다는 것이다. 우리가 경험의 초기 데이터에 주의하지 않는다면 단지 생각에 집중함으로써 그것이 사실인 것처럼 만들어버린다. 사람들이 나를 잡으러 온다고 생각하면 나는 온통 거기에 신경이 곤두서서 그것만 보일 것이다. 사랑하는 사람이 진짜 가족같이 보이는 것도 마찬가지 원리이다. 우리가 단지 기존의 [가족이라는] 인식 패턴에 맞게 그들에게 주의를 기울이기 때문이다.

주의력의 패턴을 확인하는 것은 처음에는 쉽지 않다. 스스로에게 여러 다른 질문을 던져봄으로써 각성의 내용을 절차로 바꿔보아야 한다. 그 질문의 예는 아래와 같다.

- 감각 중 어느 것이 마음에 드는가? 시각, 청각, 촉각 중 어느 것에 더욱 초점을 맞추고 있는가?

- 어떤 종류의 일에 관심이 가는가?

- 어떤 종류의 일에 지루해하는가?

- 일에 문제가 생기면 주의력은 어디로 가는가?

- 일이 즐거울 때 주의력은 어디로 가는가?

- 산만할 때 주의력은 어디로 가는가? 계획을 하는가? 추억에 묻히는가?
  망상에 빠져드는가?

- 어떤 종류의 환경에서 집중하기가 어려운가?

- 끊임없이 반복해서 생각하는 것은 무엇인가? 이런 생각을 하다보면
  세상을 바라보는 태도가 어떻게 달라지는가?

- 몸의 어느 부분이 특히 민감하고, 어느 부분이 민감하지 못한가?

- 자신의 밖에서 일어나는 일에 많은 시간을 보내는 편인가? 아니면
  혹시 내면적인 일에 집중하는가?

이런 질문을 스스로에게 던지면 선택이 가능한 새로운 종류의 정보가
수집된다. 각성단계의 훈련은 우리에게 들어오는 감각과 진행되는 사고
의 범주를 넓히는 것이다. 우리는 집중된 주의력과 확장된 주의력 사이를
오갈 수 있고 다른 선택에 관해 생각할 수 있으며 [과거] 조상의 눈을
통해서가 아니라 [현재에 일어나는] 자신의 감각을 통해 삶의 오고 감에
직접 참여할 수 있다.

오랫동안 우리 주변에 각성능력을 배양하는 많은 훈련 방법이 있었고
그것들은 매우 간단한 것들이었다. 나는 스스로 주의력을 넓히는 활동,
자신에게 익숙하지 않은 다른 면을 각성하는 활동의 필요성을 인식해왔
다. 이렇게 자신의 모든 면을 개발하기 위해서 명상만큼 좋은 활동이
없다. 몸을 위해서는 태극권과 무용을 한다. 에너지와 감성을 위해서는

다양한 호흡법을 훈련한다. 생각을 위해서는 자연 속에서 주의력을 집중했다가 분산하는 훈련을 한다. 그림도 그린다. 창조적인 활동에 참여하는 것은 각성훈련의 핵심이기 때문이다. 내게 가장 도움이 되는 활동은 깊은 광야에서 하는 '걷기 명상'같이 나 자신의 모든 면이 함께 작용하는 활동이다. 나는 바다 카약이나 카누 역시 최상의 관상훈련법이라고 생각한다.

매일 각각 자신의 각성능력을 배양할 필요가 있다. 나는 매일 명상을 하면서 나 자신을 자연스럽게 끌어당기는 다른 활동에도 자신을 기대본다. 또한 주의력 훈련을 위해 일정 기간 은거지에 들어갈 필요도 느낀다. 이를 위해 적어도 1년에 세 번은 광야로 트레킹을 간다. 적어도 1년에 한 번은 장기 명상피정을 가도록 한다. 이러한 수련을 나의 삶의 일부로 만들면서 창조하고, 봉사하며, 생산적인 삶을 사는 데 많은 양의 에너지를 사용한다.

아래는 신체적 감각과 함께 시작하면서 각성을 촉진하고 고양시키는 방법들이다. 이것들은 확장된 삶의 존재로 향하는 여행을 시작할 수 있도록 깨어남의 영토를 스스로 찾아가도록 디자인되었다. 이런 방법을 통해 우리는 현재의 위치를 확인하는 다양한 각성훈련을 집중적으로 시도할 수 있다. 또한 자신을 [몸이라고 불리는] 집으로 데려와서 삶의 축제를 위한 테이블에 앉힐 수 있다.

각성단계의 훈련

1. 잠시 주의력을 자신의 내면에 두고 여러분의 몸에서 일어나는 신체적 감각을 탐색하라. 이때 감각에 대한 어떤 해석이나 판단을 유보하라.

만약 무심결에 판단하기 시작한다면 여러분이 판단하고 있다는 것을 단순히 인지하고 감각으로 돌아가라. 어떤 감각은 매우 미묘하겠지만 문제가 되지 않는다. 지금 이 순간 아무것도 느껴지지 않더라도 괜찮다. 아무것도 일어나지 않는 느낌도 하나의 느낌이다. 몸을 후미진 곳과 갈라진 틈까지 구석구석 탐색하면서 쓸어내려 가라. 몸의 어떤 부분을 지날 때 주의력이 민감해지는지 또 어떤 부분을 지날 때 아무 느낌을 갖지 못하는 것 같은지 주시해보라. 몸의 감각을 의식할 때마다 깊게 호흡하면서 "나는 지금 ○○○을 각성하고 있다"고 자신에게 말하라. 몸의 부분들을 교대로 긴장시켰다가 이완하라. 그리고 그 경험을 스스로에게 묘사해보라. 몸의 어떤 부분이 편안하게 느껴지는지 또는 갑갑하게 느껴지는지 주시하라.

2. 잠시 동안 앉아서 깊이 호흡하라. 숨을 들이킬 때 그 숨이 배까지 깊이 내려가는지 확인하라. 배까지 내려가는 것이 어렵다면 먼저 누운 자세에서 이것을 시도해보라. 숨을 내쉴 때 공기가 완전히 빠져나갈 수 있도록 가능한 한 많은 근육을 놓아버려라. 입을 약간 벌리고 숨을 내쉬어라. 이런 식의 날숨에 문제가 있으면 공기가 빠져나갈 때 한숨같이 소리를 내보라. 몇 분간 이를 지속하라. 어지러움이나 현기증이 일어나면 그것이 가라앉을 때까지 깊은 호흡을 중지하라. 그리고 다시 몇 번 더 깊은 호흡을 시행하라. 어떤 감정이나 감각, 느낌이 일어나는지 주시해보라. 이들을 주시할 때 그런 [느낌이 일어나는] 부분이 더 많은 산소가 필요하다는 신호로서 받아들여라. 긴장, 슬픔, 지루함, 동요된 느낌 속으로 깊이 호흡하라. 주의력을 그 위에 가볍게 놓고 느낌을 자신에게 묘사해보라. 궁금한 상태로 머물러라. 설명이나 대답을 찾지 말라. 여러분의 의식

속에 일어나는 하나하나의 사건들을 기쁘게 맞이하라. 그리고 호흡 안에서 그것들을 영접하라. 다른 의도나 목적을 갖지 말고 계속해서 호흡하라.

3. 지금 몸의 일부가 긴장하고 있는지 확인하라. 그 긴장을 약간 과장되게 표현해보라. 과장되게 표현될 때 어떤 움직임이 일어나기 원하는 것 같은가? 그 움직임이 일어나게 내버려두라. 움직임을 통제하려고 하지 말고 그것이 자연스럽게 표현되도록 단순히 그 긴장을 따라가라. 이 움직임은 무엇이 되는가? 최근 얼마나 이 움직임을 억제해왔는가?

4. 몸에서 풀어지고 무너지고 흐느적거리는 부분을 찾아보라. 먼저 그 부분의 질감을 과장되게 표현해보라. 그것에 대해 집중하면 어떤 특정한 몸의 자세가 형성되는가? 그 자세는 어떻게 여러분의 특징을 보여줄 것인가? 가령, 가슴이 더욱 구부정해지면 자신은 우울해져 희망을 잃은 사람처럼 느껴지는가? 이런 특징은 여러분이 세상을 살아온 방식과 들어맞는가? 이 자세가 현재 환경에서 여러분에게 긍정적이거나 부정적인 어떤 결과를 가져오는가? 이 자세로 인한 불이익은 물론 유익함도 확인하라. 그 자세를 고치는 실험을 하기 원한다면 거기에 깊은 호흡을 유지하라. 심지어 피곤해지고 멍해지고 끝을 느낄 때까지 거기 머물러라. 호흡이 자세보다 중요함을 확신하라. 여러분이 거기 머물 때 어떤 느낌들이 일어나는가? 이 느낌들을 어떻게 피해왔는가? 느낌들을 허용하고 그 순간 나타나기 원하는 움직임을 발견하라. 예컨대 그 움직임은 여러분을 일으켜 방 주변을 돌게 하는 것일 수도 있다.

5. 여러분이 습관적으로 만드는 반복적인 동작에 초점을 맞추어라.

그리고 그것을 의식적으로 행해보라. 그것에 집중할 때 어떤 느낌이 일어나는지 관찰하라. 그것을 과장되게 표현해보아라. 반대되는 동작을 반복해보고 그 동작을 몸의 다른 부분으로 확장해서 의도적이고 완성된 움직임으로 표현해보라. 그 움직임은 무엇이 되는가? 그 움직임이 여러분에게 하고자 하는 이야기는 무엇인가? 이 부분을 듣고 싶어 하지 않는 이유라도 있는가? 여러분이 원하는 만큼 하루에 몇 차례씩 이 의도적으로 완성된 움직임을 실행하라.

6. 앞에 물건을 하나 놓고 그것을 주시하라. 얼마나 깊이 그 물건의 질을 인지할 수 있는지 알아보라. 그 질에 관해 가치판단을 하고 있을 때를 관찰하고 그것에 주목하라. 이것이 스스로를 판단하도록 배웠던 방식임을 가정하라. 그 대상으로 돌아가라. 잠시 동안 그것을 만지고 귀를 기울여보고, 맛도 보라. 주의력을 자신의 내면으로 돌리면서 그 물건을 내려놓으라. 그리고 내면에 무슨 느낌이 있는지 찾아보라.

7. 내면과 바깥 환경에서 벌어지고 있는 것 사이에 주의력을 교대로 교차시키는 연습을 하라. 처음에는 야외같이 중립적인 환경에서 이 연습을 하고 싶을 것이다. 자신의 주의력을 안이나 밖에 붙잡아두는 경향이 있는지 확인하라. 그것이 확인되면 주의력을 시계추처럼 안팎으로 움직여보아라. 그리고 사랑하는 사람의 얼굴을 뚫어지게 들여다보는 것같이 좀 더 어려운 여건에서 주의력 이동을 연습하라. 그 이동 간에 어떤 [주의력의] 패턴이 형성되는지 주목하라. 실제 효과는 친구와 갈등을 겪을 때와 같이 스트레스를 받는 상황에서 주의력 이동을 연습할 때 나타난다. 이런 시간동안 그 왕복운동에 참여함으로써 여러분은 자신과 자신의

느낌을 보살피고 과거로부터의 지각 필터를 최소화함으로써 친구를 있는 그대로 인지할 수 있는 공간을 형성한다.

8. 여러분이 좋아하는 활동을 하나 선택하고 [몸과 마음을] 이완시키면서 부드럽게 주의력을 모아보라. 재봉질, 음악 감상, 산보, 또는 어떤 종류의 예술 활동일 수도 있다. 이러한 활동을 매일 몇 분간이라도 실행하라. TV는 제외하자. 그것은 종종 욕구충족을 위한 중독의 대체재로서 활용되기 때문이다.

9. 스스로에게 놀이가 무엇을 의미하는지 자문해보라. 여러분은 그것을 어떻게 정의할 것인가? 일상에서 그것은 어떤 위치를 차지하는가? 놀이는 그것을 즐기는 이상의 이유를 갖지 않는다는 것이 하나의 특징일 수 있다. 여러분은 충분히 놀이를 하는가? 놀이에 빠져 있는 사람들 특히 어린이를 관찰해보라. 그들이 하고 있는 놀이가 여러분에게 어떻게 비쳐지는가? 여러분의 내면에 놀이를 거부하는 억제력이 존재하는가? 놀이의 파트너로 누구를 선택할 것인가? 매일 놀이에 빠져보고 이러한 몰입이 어떤 종류의 기회를 창조해내는지 알아보라.

6. 책임지기 = 몸으로 돌아가기

삶에서 가장 소모적인 일은 불성실임을 발견했다.
― 앤 모로 린드버그(ANNE MORROW LINDBERG),
『바다의 선물(A Gift from the Sea)』

첫 번째 책임은 아는 것과 진실해지는 것이다.
― 애들라이 스티븐슨(ADLAI STEVENSON)

무빙 사이클의 두 번째 단계는 고백하기(owning)이다. [책임 있는] 고백 안에서 우리는 창조성, 성실성, 깊이 있는 문제해결 능력을 발견한다. 고백에는 몸이 건강한 선택을 하는 방법을 안다고 신뢰하는 것과 몸의 천부적 권리인 직관적 행위의 회복이 포함된다. 각성단계에서 우리는 습관을 알아내고 그것과 작업했다. 고백단계에서는 선택할 것을 알아내고 그것과 작업한다.

책임의 다른 이름은 감응하는(respond) 능력이다. 그것은 어떤 일이 일어나면 그 일로부터 철수하기보다는 그것과 관계할 수 있음을 뜻한다. 그것은 사건이 일어나는 것을 의식하는 능력, 그것과 함께 움직이고 그것에 의해 움직여지는 능력과 함께 시작한다. 우리는 화가 난다는 사실을 인지할 뿐만 아니라 스스로 그것을 느끼도록 허용한다. 우리가 감응할 때 삶과 적극적인 관계가 유지된다. 삶을 관통하고 흡수하기 위해 스스로 모양을 형성하고 동시에 삶에 의해서 모양이 형성된다. 삶이 우리에게 괴로움과 상처를 주면 그것을 통해 자신을 형성하기보다는 그 자체가 자신을 짓밟는 것으로 경험하는 경향이 있다. 그리고 스스로가 학대나 상처에 의해 짓밟히고 있다는 습관적 믿음 위에서 자신의 감응 행위를 적으로 삼고 싸운다. 우리가 자신의 삶의 형성을 위한 적극적 참여자라고 믿지 않는다. 예견되는 고통을 피하기 위해서 스스로를 앞당겨 짓밟는 것이다.

나는 이 예기되는 자아 묵살을 '반응하기(reacting)'라고 부른다. 반응은 감응과는 대조적으로, 존재하는 모든 것과 싸우는 과정이다. 그것은 과거로부터 이어지는 모든 상처와 지금 현재 일어나고 있는 상처의 혼합이다. 우리 모두는 이것을 경험한다. 사랑하는 사람이 "턱에 지저분한 게 묻었어"라고 말하면, 우리는 "어떻게 감히 나를 어린애 다루듯 하는 거야! 기 막혀!"라며 성질을 낸다. 명백히 이 반응은 턱에 묻은 지저분한 것에 관한 것이 아니다. 그것은 무시당하던 우리 과거의 모든 것과 관계하고 있다. 현재 사건은 끝나지 않은 상처를 자극하고 상처는 현재 사건의 등을 타고 그것을 오염시키면서 새어나오거나 폭발한다. 그리고 그것을 현재의 사건이 아니라 과거에 있었던 모든 것을 반복하도록 만들어버린다. 반응은 상처를 자극하는 사건에 대해 균형감을 잃는 과정이다.

반응은 보통 몸에서 일종의 움츠림과 수축을 수반한다. 이와는 대조적으로 감응은 몸에서 일종의 열림과 준비를 수반한다. 반응은 잃어버린 경계로부터 결과하는 방어적 행위이다(이때 우리는 문자 그대로 과거 행태의 패턴에 의해 침범당한다. 감응 과정에서 우리는 경계를 다시 찾는다). 우리는 과거의 것과 미래의 것, 그리고 지금 현재의 것을 구분한다. 이로써 반응과 감응의 차이에 관해 이야기를 시작할 수 있게 된다. 이러한 관점에서 반응은 부정적이거나 나쁜 경험이 아니다. 그것은 단지 내면의 자아가

손을 들고 "여봐요! 여기 좀 치료해주세요!"라고 이야기하는 것과 같다. 이것은 변화의 기회를 알려주는 것이다. 의식을 몸으로 돌려서 반응과 감응을 구분함으로써 우리는 집으로 가는 길, 최초의 본향인 몸으로 가는 길을 발견한다.

우리 각자는 감응과 반응에 대한 개인적인 패턴을 갖고 있다. 나는 반응할 때 턱과 눈 주변의 근육이 긴장되는 경향이 있다. 많은 사람들은 호흡이 바뀌고 제한된다. 고백단계란 반응하는 습관을 찾아 그것과 의식적으로 작업하는 과정이다. 반응은 종종 꼬리표 움직임, 즉 끝나지 않은 상처의 표출과 같은 미묘한 제스처를 수반한다. 고백단계의 과제는 반응하는 습관을 의식적 행위로 바꾸는 일이다. 이러한 방법으로 우리는 사건에 대해 감응하고 그것과 춤추며 완성하는 능력에 접근한다.

우리가 지난 상처를 거부하여 남에게 떠넘기거나 통제하지 않고 관여한다면 오히려 상처에서 벗어나 쉬게 된다. 그 상처를 다시 주장할 필요나 다시 살려 끌어들일 필요가 없다. 실제로 그 상처 주변에 정교한 방어선을 세운 자신의 일부가 소멸하는 것이다. 고백단계에 심층적으로 들어갈 때 내담자들은 종종 죽을 것 같은 느낌을 호소한다. 이것은 사실 아주 정확한 느낌이다. 그들은 죽어가고 있는 것이다. 그 오래된 상처를 바탕으로 형성되어야 했던 자신의 정체성, 신념체계, 전략 같은 자신의 일부가 연명할 필요를 그치는 것이다. 고백단계에서 가장 강렬한 경험 중 하나는 자신의 일부를 죽도록 허용하는 것이다.

어떻게 이러한 의식적 죽음이 성취되는가? 주의력을 현재 직접경험에 고정하고 그 경험에 관해 진실을 이야기함으로써 그 죽음은 성취된다. 진실을 말하는 것은 중독을 치유하고 집(몸)으로 돌아가는 매우 강력하고 효과적인 도구이다. 왜냐하면 그것은 지금 있는 모든 것의 진술이고 우리를 본질에 맞추어 본질적으로 행동하게 한다. 그것은 우리가 할 수 있는 가장 생기를 불어넣는 일 중 하나이며 그렇게 함으로써 중독이 조장하는 [진짜] 죽음의 길을 해체시킨다. 중독을 지탱하는 전략은 종종 내면에 깊숙이 뿌리박혀 있어서 우리는 진실을 보고도 알 수 없는 경우가 많다. 따라서 진실이 무엇인지 어떻게 그것을 말해야 하는지 다시 배울 필요가 있다. 여기 진실의 특성을 기술해놓았다.

- 진실은 해석적이기보다는 기술적이다.
  "네 이야기는 지루해"라는 표현보다는 "네가 말할 때 나는 딴 생각이 들어".
- 진실은 당신 자신에 관한 진술이다.
  "깜짝 놀랐어" 또는 "어제 너한테 화가 났었어".
- 진실은 논쟁을 불가한다.
  "너는 항상 나를 무시하지"보다는 "네가 그럴 때면 난 심장이 쿵쾅거려".
- 진실은 판단 유보적이다.
  "이 문제에 대해선 난 그냥 약해 빠진 겁쟁이일 뿐이야"라기보다는 "이 이야기를 할 때마다 두려움이 생겨".
- 진실은 직접경험에 기초를 둔다.
  "이것은 엄마와 오래 끌어온 문제야"라는 표현보다는 "너를 볼 때 내 가슴이 아파".
- 진실은 흥분되고 만족스러운 방식으로 몸에 공명한다.
  "내 문제를 너에게 이야기하고 나니 마음이 놓여. 너무 떨리고 무서웠는데 몇 달 만에 처음으로 깊이 호흡할 수 있게 됐어".

다음은 진실이 아닌 것과 그 예이다.

책임지기 = 몸으로 돌아가기

131

- 진실은 다른 사람에 관한 이야기가 아니다.

  "네가 한 일은 잘못됐어" 또는 "너 때문에 화가 나".

- 진실은 고정된 평가가 아니다.

  "나는 나쁜 사람이야" 또는 "내가 옳아".

- 진실은 견해나 가치판단이 아니다.

  "너는 나한테 화가 나 있는 것 같아" 또는 "네가 한 일은 천하고 비루해".

- 진실은 간접적이 아니다.

  "그녀는 네가 나를 좋아하지 않는다고 말해주었어".

진실을 말하면 그것을 함께 나누는 우리 자신과 상대방 모두 에너지가 솟는다. 에너지는 우리가 스스로를 본질에 연결시킬 때마다 생성된다. 보통은 그렇게 많은 에너지에 익숙하지 않기 때문에 진실을 움츠리고 그것을 다룰 수 없다고 생각한다. 왜냐하면 진실을 들은 사람들은 누구나 그것이 생성하는 강렬한 에너지를 다룰 능력이 없다고 생각하기 때문이다. 이렇게 공동 의존적 가정들이 어린 시절에 형성되기 때문에 우리는 자신을 주장하면 홀로 남게 되거나, 나쁜 사람이 되어 벌을 받게 된다는 생각, 자신은 늘 부족하다는 생각에 익숙하다. 또한 우리가 위와 같이 진실을 이야기하는 방법을 모르고 진실이 아닌 진술에 빠지게 되면 결국 고통 가운데 진실과 조우할 것이다. 위의 예에서와 같이 진실이 아닌 표현들은 주로 상처를 주기 위해 고안된다. 그렇게 상처를 주는 것이 사실이라면 우리는 그 어느 부분도 원치 않을 것이다.

몸의 지시를 따라 진실을 이야기함으로써 창조되는 에너지는 완벽하게 친근하며 변화를 주도할 것이라는 사실이다. 이러한 사실은 직장의 남성에게 마음이 끌리고 있는 한 내담자의 예에서 잘 나타난다. 그녀는 남편에게 그 사실을 숨기고 있었다. 공연히 남편에게 상처만 주고 그를 화나게 만들 뿐이라고 느꼈기 때문이다. 그녀는 [다른 남자에게] 마음이 끌리지만 이것을 표현하지 않을 것이므로 이 작은 비밀이 문제되지 않을 거라고 생각했고 따라서 그것에 대해 말하고 싶지 않았다. 그녀가 말하고 싶은 것은 남편에 대한 성적인 느낌의 감퇴가 표면화되고 있다는 점이었다. 내가 이 두 가지 사건이 관계가 있음을 제시했을 때 그녀는 처음에 극구 부정했다. 그녀는 두 남자에 대한 느낌 사이에 관계가 있다는 사실 자체를 매우 두려워했다. 이러한 두려움 때문에 위가 경직됨을 느꼈을 때 그녀는 어린 시절 [성적인 목적으로] 스스로의 몸을 건드리지 말라고 말하는 엄마의 목소리를 들을 수 있었다. 엄마는 자위하는 여자하고 결혼하고 싶어 할 남자는 없을 거라고 말했다. 그녀는 잠시 이 느낌과 함께 머물렀고 상체의 흔들림을 자유롭게 허용함으로써 그 느낌을 완성했을 때 그녀는 이 사건을 내면화하고 있음을 깨달았다. 성적인 것은 나쁘다고 가정하고 이 가정을 남편에게 적용했다는 것을 알아차린 것이다. 그녀는 집으로 돌아가 남편에게 모든 것을 털어놓았다. 그녀의 정직함은 그 부부를 오랫동안 억누르고 있던 부담을 제거시켰다. 그들이 서로에게 스스로를 드러냈을 때 신혼 이후 처음으로 서로에 대해 흥분을 느꼈다. 며칠 후 그녀는 나에게 전화를 걸어 그녀와 남편은 진실을 말하는 것 자체가 성적인 매력을 지니는 활동임을 확인했다고 말해주었다.

진실을 말할 때든지 그것을 은폐할 때든지 우리는 경험 내의 어떤 지점에 이른다. 다음은 여러분이 진실을 토로할 기회 지점에 있는데도 [진실 대신] 중독 과정을 향해 선회할 때 나타나는 몇 가지 증상들이다.

- 멍청해진다. 갑자기 우리는 무슨 일이 벌어지고 느낌이 어떤지 모르

게 된다.

- 영악해진다. 상황을 종종 정확하고 총명하게 분석함으로써 순수해짐 으로부터의 탈출을 시도한다.
- 구실을 만든다. 사실대로 말하지 않을 만한 그럴듯한 이유들을 발견한다.
- 우울해지거나 절망에 빠진다. 진실 고백이 너무 어렵고, 쓸모없고, 불가능하다고 가정한다.
- 책임을 회피한다. 다른 사람의 문제나 잘못이라고 판단한다. 우리가 아니라 다른 사람이 변해야 한다는 것이다.
- 통제하려고 든다. 우리는 진실을 말할 때 "네가 말하면 나도 말할 것이다"와 같은 조건을 단다. 우리가 통제하에 있을 때까지, 아니면 분노나 친절 같은 감정을 사용하여 다른 사람이 우리를 위해 그렇게 할 때까지 진실을 말하길 유보한다.
- 진술을 만드는 대신 질문을 한다. 갑자기 다른 사람이 어떻게 느끼는 지 알고 싶어 한다.

이 전략들은 모두 우리의 순수한 에너지와 활기를 제한하기 위한 방법 들이다. 진실을 말할 때 무언가 공허한 느낌이 들거나 긍정적인 에너지가 차단되는 현상이 여기서 벌어진다. 어릴 적에는 이것이 필요할 수도 있지 만 성인이 될 때 이 같은 일은 단지 고통, 무감각, 기능장애의 원인이 된다.

때때로 우리는 깊고 깊은 진실에 접근하기 위해서 몇 단계를 거칠 수 있다. 왜냐하면 진실은 종종 다음 단계로 깊이 들어가는 진술과 같이 몇 개의 층으로 모습을 드러내기 때문이다. 정확한 묘사에 의해 존재의 중심에 점점 가까이 다가갈 때 도달했다는 신호로서, 본질에 접근해 그것을 점령했다는 신호로서, 몸에 엄청난 진동을 느낄 수 있다. 그 진동은 돌아온 우리의 생명력이고 여기 있는 모든 것, 우리의 미세한 부분까지 문제가 없다는 것을 확인한 기쁨에서 나오는 몸의 노래이다. 다음 내담자와의 대화내용은 몇 개의 층을 지나 진실로 돌아가는 원리를 보여준다. 수(Sue)라는 이름의 내담자는 자기 남자친구와 관계가 변덕스럽다는 이유로 나를 찾았다. 지난밤 남자친구가 찾아왔고 그들은 싸웠다는 것이다. 그녀의 불만은 남자친구가 그녀에게만 머물러 있기를 원하지 않는다는데 모아졌다.

나: 당신이 싸움에 대해 이야기할 때 손이 물결치듯 움직이는 것을 보았어요. 그 움직임을 잠시만 더 보여주시지요.

수: (손을 흔들면서) 신경이 곤두서요.

나: 그 싸움이 신경 쓰입니까?

수: 그래요. 그는 자신이 얼마나 성숙하지 못한 인간인지 몰라요.

나: 잠시 신경이 곤두선 채 그대로 있어보세요. 그 느낌과 같아요.

수: (눈을 감고 몸을 흔들며) 그를 마구 흔들고 싶어요. 그에게 그 느낌을 흔들어 깨워주고 싶어요.

나: 계속 몸을 움직이세요. 주먹도 쥐기 시작하네요.

수: (주먹을 불끈 쥐면서) 그가 이 아픔이 어떤지 알기만 한다면, 나를 얼마나 아프게 하는지 안다면…….

나: 의식을 손에 집중하세요. 손은 지금 무엇을 하고 싶어 하나요?

수: (주먹 쥔 손을 목으로 가져가 조르는 시늉을 하며) 숨이 막힐 것 같아요. 두려운 느낌이 드네요.

책임지기 = 몸으로 돌아가기

135

나: 좋아요. 그 느낌을 그대로 유지하세요. 두려움 때문에 생각나는 것이 있나요?

수: (울음을 터뜨리며) 그와 함께 있을 때 항상 그래요.

나: 그런 느낌을 언제 처음 느꼈는지 기억해보세요.

수: 어릴 때였어요(그녀는 1~2분 정도 울었다).

나: 어떤 기억인가요?

수: 아버지가 엄마에게 그런 식으로 개같이 행동하면 집을 나가버리겠다고 고함을 질러댔어요. 그리고는 집 밖에서 고래고래 소리를 쳐댔어요. 엄마는 울었고요.

나: 그런 일이 있을 때 두려웠군요.

수: 네. 나는 의자 뒤에 숨곤 했지요.

나: 지금 당신 몸의 느낌이 어떻습니까?

수: 가슴이 무너져 내리는 느낌이네요. 포기한 사람처럼.

나: 그런 느낌에 익숙합니까?

수: (씁쓸하게 웃으면서) 그래요. 나는 교대로 분노를 느끼다가 남자친구를 포기하는 심정이 되곤 하지요.

나: 남자친구가 어떻게 하길 원하나요?

수: 그가 집에 있었으면 좋겠어요(주먹을 불끈 쥔다)!

나: 당신 엄마가 아빠에게 원하던 것처럼…….

수: (눈물을 글썽이며) 그래요.

나: 엄마는 이런 일이 생기면 아빠에게 어떻게 했나요?

수: (잠시 침묵하다가) 엄마는 저녁 후면 신경이 날카로워졌어요. 위기감을 느꼈지요. 아빠가 밖으로 나갈 참이면 신경질적인 목소리로 엄마에게 소리쳤으니까요. 그리고는 싸움이 시작되었지요. (한동안 침묵이 계속되다가) 내가 지금 그걸 재현하고 있는 거죠? 그렇죠?

나: 그래요.

제2부 회복의 몸으로 다시 나기

136

수: 난 엄마 같아지고 싶지 않아요. 그녀는 늘 불행했어요. 항상 혼자 있는 걸 불평했어요.

나: 지금 눈을 감고 내면에 의식을 두세요. 무언가 느껴지나요?

수: (잠시 시간이 경과한 후) 가슴에 아픔이 느껴집니다. 가슴 통증같이.

나: 가슴을 느끼는 것과 통증이 한데 엉켜 있습니까?

수: (웃으면서) 네.

우리는 나머지 치료면담에서 엄마의 상처를 그녀가 이어받은 것에 대해 이야기하면서 보냈다. 가슴이 무너지는 패턴에서 벗어나는 순간들을 경험할 때가 언제인지 찾기 위해 그녀의 [무너진] 가슴을 돌보는 훈련법을 생각했다. 그런 순간들은 그녀가 온전히 사랑을 주고받는 자신의 애견과 같이 있을 때 특별히 일어났다. 후속 치료 과정에서 우리는 남자친구를 애견이라고 여기는 아이디어를 가지고 놀았다. 그것은 큰 재미였다. 그녀는 마침내 남자친구가 떠날까 봐 두려움이 생기는 시점을 알아내기 시작했다. 그리고 그 순간에 그녀의 경험에서 느끼는 진실을 그에게 이야기함으로써 [치료]작업을 진행했다. 그녀는 자신의 두려움을 조목조목 확인할 수 있었고 사실은 그녀가 그와 가까워지는 것에 대해 두려움을 갖고 있다는 사실을 크게 깨달았다고 그에게 이야기했다. 그도 역시 그녀와 가까워지는 것에 대한 두려움이 있었다고 고백했다. 그렇게 함으로써 그들은 더욱 가까워지기 시작했다.

위의 경우는 우리가 진실을 향해 돌아가는 길을 발견하는 하나의 예이다. 삶이 문제가 있다고 느껴지는 것은 우리가 삶과 조율하고 있지 못하기 때문이다. 진실에서 벗어난 지점으로 행로를 돌이킴으로써 우리는 자신의 위치를 다시 찾을 수 있다. 수는 남자친구와 가까워지려는 감응과

책임지기 = 몸으로 돌아가기

그녀의 과거사에 대한 반응 사이의 차이를 구별해낼 수 있었다. 그녀의 직접경험을 추적하고 표현함으로써 [과거] 부모의 느낌을 재현하기보다는 자신의 위치를 찾은 것이다.

진실 고백의 부수효과 중 하나는 그것이 아름다움을 회복한다는 사실이다. 우리가 흐름을 따라갈 때 모든 일이 쉽게 풀린다. 본질을 직접 경험할 때 우리는 세계 안에 아름다움(grace)을 창조한다. 또한 다른 사람에게 있는 아름다움도 발견할 수 있게 된다. 이러한 의미에서 아름다움은 본질 자체를 다시 인식하는 것이다. 고백단계에서 우리는 모든 것 속에서 일어나는 본질을 찾아내고 공명하는 능력을 다시 찾는 것이다.

균형감의 회복

진실에 관여하는 것은 깊이 변화하는 행위이다. 그런 행위를 통해 자신과 세계 안에서 우리의 균형감(integrity)과 신뢰가 깨어난다. 그것은 우리에게 강요의 지옥보다 선택의 신성한 터를 선사한다. 우리가 삶에서 더욱 책임 있게 행동하기 시작할 때 삶이 움직이는 방식과 조율하고 전체성이 발생한다. 균형감이란 재미있는 용어이다. 그것은 하나됨, 완전함, 구조적 건전성을 갖는 상태이면서 동시에 말한 대로 행하는 것이다. 이 복합적 의미는 우연히 같이 생겨난 것이 아니라 하나가 다른 하나를 야기하는 것이다.

균형감은 신체적 구조에 관한 진술로서 그것이 얼마나 조화롭게 움직이는가에 관한 용어이다. 우리가 감각적 성숙을 제한하면 몸의 조화가 깨진다. 또한 우리가 생각하기에 필요하다고 여겨지는 형태의 감각경험을 통제할 때에도 균형감이 깨진다. 지금 현재 일어나는 경험의 초기 데이터로 돌아감으로써 몸의 유기적 결합을 다시 이룰 수 있다. 우리가 몸으로 돌아가면 삶은 몸과 함께 춤출 수 있게 된다.

감성적 균형은 시작부터 끝까지 있는 그대로의 느낌을 허용한다. 감정은 덧없는 현상이다. 그것은 왔다가 떠나간다. 감정은 에너지의 일어남이다. 그 에너지의 동요를 통해서 우리는 일어나는 일들과 자신을 맞추어나간다. 언젠가 친구에게서 내가 특별히 아름답다고 들었던 기억이 있다. 나는 얼굴이 붉어지고 숨이 막혀 친구의 표현에 대해 어떤 부정적인 점을 이야기하기 시작했다. 그 친구는 나에게 이런 반응을 불러일으킨 것이다. [내면의 눈으로] 이 경험을 목격했을 때 나는 내 안의 느낌이 당혹감임을 깨달았다. 그 당혹감은 내가 가지고 있는 경험을 조정하기 위해 필요한 에너지의 척도였다. 친구의 표현은 오랫동안 내가 가지고 있던 자신의 '평범함'에 대한 신념과 맞지 않는 것이었다. 그 느낌은 이 둘 사이의 거리를 나타내는 척도였다. 내가 믿고 있었던 것과 경험한 것 사이에 존재하는 거리를 없애는 하나의 리얼리티가 필요했다. 당혹감은 그 리얼리티를 다시 형성하도록 도움을 주기 위한 설계였다. 나는 자신이 못생겼다는 신념을 고집할 필요가 없어졌다. 물론 여성잡지의 모델같이 보일 수는 없다는 것을 알지만 아름다움에 대한 나름대로의 정의를 통해서 자신의 활기를 느끼고 다른 사람의 활기도 지탱하는 아름다움을 만들어나갈 수 있게 되었다.

이 경우 당혹감은 변화의 기폭제가 되었고 자신과 세계를 알맞게 조율시키는 에너지가 되었다. 느낌이 지금 현재의 기회를 잡는다면 우리는 그것이 가져다주는 좋은 것을 맛볼 것이다. 그 기회를 건너뛰면 느낌이나 감정은 현상유지에 반하는 위협으로 경험된다. 그 느낌을 느끼고 싶지 않다면 그것을 저지하는 데 필요한 어떤 것에든지 중독될 것이다. 그 과정에서 우리는 감성적 균형감을 잃고 느낌을 통해 자신의 전체성을 다시 일으키는 능력을 상실하게 된다. 느낌은 두려운 존재가 되고 역설적으로 느낌이 자기주장을 계속할 것이다. 느낌은 우리를 의도적으로 움직이고 좀 더 높은 차원으로 승화시킬 때까지 움직임을 지속시킨다. 그래서 그 느낌이 [사라지지 않고] 남게 되면 우리 자신이 완성되었다는 느낌을 허용하지 않는 것이다.

감성은 그것이 일어난 지점에서의 진화작용이다. 그것은 변화를 위해, 우리가 갈망하고 의미를 부여하는 삶 속으로의 변이를 위해, 우리 [생명] 시스템에 에너지를 가득 채운다. 감성은 우리의 경험에 자리하면서 우리를 흔들어댄다. 그리고 흔들림을 통해 모든 것들은 완전한 일치로 다시 정리된다.

균형감은 또한 사고의 과정이다. 자신을 아는 것이 대단한 일처럼 보이는 것과 마찬가지로 고정된 신념을 유지하는 일도 그렇다. 인간들은 모두 믿음이 곧 실재라고 믿기 때문에 엄청난 문제들이 발생하는 것 같다. 절대주의는 우리가 믿는 방식을 신뢰하지 않는 사람이면 누구나 잘못했다고 생각한다. 그리고 그 지점에서부터 통제와 폭력이 일어난다. 절대주의는 우리 신념을 경험보다 강화하고 현실화한다. 이렇게 세상의 자연스러움에 대한 부정적 사고에 너무 길들여진 나머지 전쟁이 시작된다. 신념도 세포같이 선택적 투과가 가능할 때 최상으로 작용하는 듯하다. 다시 말하면 신념은 효용을 필요로 한다는 것이다.

하나의 신념은 그것이 실제 일어나는 일을 재현할 때 균형감을 갖는다. 이런 식으로 그것은 효용성을 갖고, 세상에서 유용한 도구가 된다. 나는 남자들이 필요할 때 그들은 거기 없었다고 믿곤 했다. 정확하지는 않지만 이러한 믿음은 내가 어린 시절 그런 믿음을 공유하던 엄마와 더욱 가까워지는 데 도움을 주면서 많은 효과를 발휘했다. 그 공유된 믿음 때문에 필요로 했던 유대감이 형성되었다. 물론 성인이 되었을 때 나는 그 믿음이 더 이상 효과가 없음을 발견했다. 그것이 실제와 다르게 나타날 때에도 세상을 그런 식으로 보려 했던 시행착오를 반복한 결과 이 사실이 확인된 것이다. 나는 고통스러웠다. 그리고 엄마와의 유대에 의해 형성된 믿음보다 현재 경험이 나의 믿음을 재구성하기까지 고통을 감내하며 삶 속에 몇 남자를 끌어들였다. 삶에서 믿음의 효용을 증가시키기 위해 그것을 변화시켰던 것이다. 여기서는 신념이 우리를 끌고 가는 것이 아니라 우리를 위해 일하는 것이다.

어린아이에게 아이 자신의 방식 대신에 우리의 방식을 따라야 한다고 말하면서 신념을 강요하는 것은 가장 위험한 일 중 하나이다. 믿음이 직접경험보다 높은 곳에서 온다는 메시지를 어린아이에게 줄 때 그 안에 도덕적 무중력 상황을 만들게 된다.

무빙 사이클의 고백단계에서 작용하는 인지적 균형감은 신념의 효용성과 균형감을 재구성한다. 신념은 단지 지금의 상황, 현재 모습의 선언이다. 고백단계에서 직접경험이 우리를 완전히 관통하고 우리가 그것을 관통할 기회를 만들 때까지 우리는 완전히 직접경험과 함께 머문다. 또한 우리는 그 경험을 흡수하고 그것은 우리에 의해 흡수된다.

언젠가 어렸을 적에 조금만 잘못해도 매를 맞은 경험이 있던 내담자를 다룬 적이 있다. 그는 치료를 받을 때 성인이었음에도 세상이 적대적이고 더럽다고 믿었다. 그러나 자신의 신념을 확인할 수 있을 때까지는 상당한 시간이 걸렸다. 치료면담에서 직장에서의 문제를 고약한 동료 탓으로 돌리고 있었다. 그는 그 동료가 얼마나 고약한지 아느냐고 물었다. 잠시

책임지기 = 몸으로 돌아가기

생각하더니 그는 그 친구가 자기를 보면 얼굴을 찡그리는 습관을 갖고 있다고 말했다. 친구가 자신의 능력을 불신한다고 가정했던 것이다. 다음 날 직장에 가서 직접 이것을 확인해보았다. 그 친구는 깜짝 놀랐다. 그 직장동료는 그를 볼 때 얼굴을 찌푸린다는 사실 자체를 알지 못하고 있었던 것이다. 그들이 함께 그 연유를 탐색해보았을 때, 직장동료는 내담자의 얼굴에 고통이 나타날 때 얼굴을 찌푸린다는 사실을 발견했다. 그의 찌푸림은 걱정의 표현이었다. 후속 치료 과정에서 내담자는 어릴 적 아버지가 자신을 때리기 직전에 찌푸린 얼굴을 보였던 사실을 기억해 낼 수 있었다.

직접경험 대신에 마음속 신념의 작용에 표를 줄 수 있는 한 가지 길은 우리에게 충분한 정보가 없는 상황에서이다. 마음은 신선한 산소와 포도 당을 끊임없이 필요로 한다. 그렇지 않으면 우리는 의식을 잃고 금방 죽게 된다. 이와 유사하게 마음은 정보의 끊임없는 흐름을 필요로 한다. 충분한 정보가 결핍되면 그 구멍을 채우는 일을 만들어내는 경향이 있다. 우리는 보통 이를 위해 오래된 기억을 파낸다. 남편이 어디 갔는지 모르게 되면 틀림없이 다른 여자를 만나고 있다고 판단할 것이다. 친구가 내게 기분이 어떤지 이야기하지 않는다면 내게 화가 나서 나를 인정하지 않는 다는 표시로 그렇게 한다고 가정할지도 모른다. 그것은 정신적 측면의 감각박탈에 해당한다. 우리가 자신으로부터의 정보를 차단하고 또한 그 러한 정보에서 차단될 때 미쳐버리고 만다. 그리고 현재 그 순간에 적합하 지 않는 것들을 찾게 된다.

비난과 부담

책임지는 일은 우리가 훈련해야 하는 자연적 조건이다. 이 내재적 능력을 다시 찾기 위해 많은 훈련이 필요할 수 있다. 자신의 경험에 대해 100퍼센트 책임을 지지 못한다면 그 [부족한] 만큼 비난의 주위에 우리의 삶을 구성하는 것이다. 우리가 완전히 책임질 수 없다면 다른 사람이 그 차이를 보상해야 한다. 우리 자신이 무언가 하고 있음을 알아차리는 것으로 아직 책임이 100퍼센트 끝난 것이 아니다. 커플 치료에서 종종 이 비난이 난무하는 것을 볼 수 있다. 각 파트너는 서로 상대가 책임을 지도록 유도한다. 일반적인 전략은 자신이 약간의 책임을 지는 것이다. 말하자면 30퍼센트의 책임을 지고 상대에게 70퍼센트를 전가한다("그래, 내가 좀 늦었다. 그렇다고 그렇게 시큰둥할 필요까진 없잖아?"). 100퍼센트 책임을 지는 것은 다른 사람에게 아무 부담도 주지 않는 것이다. 자유롭게 자신의 경험을 향유하는 것이다. 100퍼센트 수준의 책임으로 얻는 또 다른 결과는 자신의 힘을 다시 찾는 것이다. 다른 사람이 (부분적이든 전적이든) 나의 경험에 대해 책임지는 한, 그 사람은 [나와의] 관계에서 힘을 갖는다. 그는 내 기분을 좋게 만들 수도 있고 나쁘게 만들 수도 있다. 그는 나의 일부를 소유한다. 그리고 자신의 욕구를 충족시키기 위해서 그를 통제해야 한다.

자신의 경험에 대해 100퍼센트 이상의 책임을 진다면 우리는 그만큼 부담을 지게 된다. 자신의 느낌은 물론 다른 사람의 것까지 책임진다면 자신의 등에 그것을 짊어지는 것이고 그 짐은 결코 가볍지 않다. 우리가 부담을 느낀다면 100퍼센트에 있지 않다는 것으로 보면 된다. 내가 여러분과 상호 관계 안에 있는데 여러분이 슬픔을 느끼기 시작할 때 내가

책임지기 = 몸으로 돌아가기

그 슬픔이 내 책임이라고 생각한다면 나는 여러분의 일부를 소유하는 것이다. 그러면 여러분을 보살피기 위해 나는 [여러분이 아니라] 자신의 행동과 말을 주목하는 편이 좋을 것이다. 여러분의 행복을 지켜주기 위해 여러분의 말은 물론 행동까지 돌보아야 한다. 아무튼 나는 어떻게 하는 것이 최상인지 안다.

나는 사람들이 지나친 책임을 지려다가 부담감으로 도를 넘는 경우를 종종 목격한다. 이런 경우를 요즈음 '뉴에이지 실수'라고 한다. 최근 내 학생 중 이 경우에 알맞은 사례가 있었다. 그녀는 어린 시절에 성적 학대를 받았는데 고백단계에 대해 이야기할 때 이런 질문을 던진 적이 있다. "어떤 점에서 보면 이러한 학대로 무언가 배울 수 있었어요. 그런데 그게 무언지 알 수가 없어요. 여기서 내가 책임을 지지 않은 게 무언가요?"

그녀에게 어린 시절 학대에 대해 자신의 책임을 당연히 여길 때 그 느낌이 어떤지 물어보았다. 그녀는 무겁고 멍한 느낌이라고 대답했다. 나는 그녀에게 초점을 바꾸어보라고 요청했다. 학대에 대한 자신의 책임을 철회하고 그 무겁고 멍한 느낌에 대해서만 책임을 지기 시작하라고 권했다. 이 방법으로 그녀는 현재 순간에 스스로에게 힘을 돋우어줄 수 있었고 현재 감정을 돌볼 수 있을 뿐 아니라 그녀에게 잘못 부과된 부담을 덜 수 있었다.

그녀가 깨달은 것은 자신의 어린 시절 학대가 가져온 또 다른 결과였다. 책임감에 대해 매우 혼란스러워졌던 것이다. 그녀는 자신이 온갖 일에 책임지는 것을 당연히 여기고 있음을 주시하면서 동시에 '자신의 리얼리티는 스스로 창조한다'는 뉴에이지적인 가정을 써먹었다. 그로 인해 그녀의 현재 삶도 곤란을 겪고 있었다. 그녀는 그것을 자신의 우울증과 죄의식을 강화하는 방법으로 사용하고 있었던 것이다. 그녀는 주변의 일에 책임져야 한다는 생각을 지연하는 훈련을 시작했다. 그리고 단지 자신의 직접 경험을 주시했다. 다음 해에 그녀는 엄청난 양의 신체적 에너지, 특히 성 에너지를 회복할 수 있었다.

이렇게 비난과 부담이 뒤섞여 있는 가운데 뒤죽박죽으로 책임을 지는 것은 중독의 공통 현상이다. 얼마나 많은 책임을 져야 하는지, 다른 사람은 얼마나 책임져야 하는지, 또한 다른 사람이 그 평가에 동의하지 않으면 어떻게 해야 하는지 알아내는 데 상당량의 에너지가 소모된다. 이 모두가 '책임지는 일은 [무조건] 잘못을 인정하는 것이다'라는 핵심 가정 안에서 요약된다. 우리가 이 중독적 가정을 절제할 때 직접경험을 통해 감응하는 능력을 회복할 수 있다.

이상하게도 비난이나 부담은 모두 우리를 희생자로 만든다. 지구상에 희생제물의 위치만큼 중독에 노출되기 쉬운 경우는 없다. 나는 어느 중독성 물질보다 피해로 인한 중독이 더 질기고 오래간다고 감히 추측해보곤 했다. 많은 사람들은 희생자의 위치를 포기하느니 차라리 죽는 편을 택할 것이기 때문이다. 그것은 우리가 옳다는 가정에서 작용하기 때문에 힘을 받는다. 아마도 올바르게 되고자 함이 희생제물이 되는 것보다 더 중독적일지도 모른다.

[피해자가] 책임지는 일이 가해자를 자유롭게 놓아주지 않는다. 가해자는 물론 100퍼센트 책임이 있다. 우리가 피해의 대상이 될 때 책임질 부분은 제물의 위치로 전락하지 않는 것이고 우리의 힘을 포기하지 않는 것이다. 고백단계에서 우리는 힘을 되찾는다. 힘을 충전시킨다고 하는 것은 직접경험에서 일어나는 모든 것을 변화를 위한 연료의 원천으로 활용하는 것이다. 어떤 경험이든 내던져 버리면 쓰레기가 되지만, 사용하면 성장을 위한 연료가 되어줄 것이다.

책임지기 = 몸으로 돌아가기

몸은 비난과 부담의 느낌이 어떤지를 읽어내는 데 도움이 된다. 나는 자신이 비난의 모드에 있을 때 거의 통제 불능의 충동으로 인상을 쓰고 손가락질을 해댄다. 부담을 느낄 때에는 항상 에너지를 잃고 가슴이 무너진다. 그러나 무어라 말할 수 없는 이 미묘한 상황에서도 이러한 몸의 지시에 익숙해지면 나는 이러한 반응과 함께 일할 수 있고 그것을 조정하던 과거를 물리칠 수 있다.

균형감과 책임감은 연금술적인 양조과정을 연출한다. 그것들은 우리를 삶 안에서 움츠러드는 납으로 만들어버리는가 하면 삶과 함께 춤추는 황금으로 변화시키기도 한다. 무엇보다 중요한 것은 그것들이 우리 몸을 유기적 자율의 트랙으로 돌려놓는다는 것이다. 우리가 어떤 것이 독이고 어떤 것이 약인지 읽는 몸의 메시지에 귀를 기울이고 신뢰할 때 삶은 축제로 바뀔 수 있다. 우리에겐 선택권이 있고 그것에서 창조된 힘은 회복과 변화의 여행을 계속하기 위한 연료가 된다.

벽장 속의 비평가

감응이 일어날 때, 삶에 관여할 수 있는 기회가 일어날 때는 우리가 가지고 있던 풀리지 않는 상처와 제한적 장애물들이 씻겨 내려간다. 기회는 문이 열리면서 시작한다. 문이 열리면 그 안에 억압되었던 자기혐오의 괴물이 그것을 막기 위해 고개를 든다. 우리가 각성능력과 활기를 억제하는 중독이나 길들이기를 통해서 이 학습을 계속할 때 [자신의 해묵은] 한계를 지키기 위해 '비평가'라고 불리는 존재를 키우게 된다. 비평가는 우리를 [현재의] 직접경험보다는 [과거의] 습관에 관여시키기 위해 통제,

칭찬, 비난을 사용한다. 비평가는 과거 속의 우리를 비판하거나 우리에게 자신과 다른 존재가 되기를 요구하던 모든 사람의 음성, 동작, 또는 몸의 포즈까지 흉내 낸다.

그 비평가는 여러 가지 모양과 크기로 나타나고 어떤 경우는 아주 영리하고 매력적이다. 내가 만난 인상 깊은 비평가 중 하나는 나의 내담자 안에 살고 있었다. 그 비평가는 회장 자리에 앉아 있는 도도하고 잘 차려입은 여자였다. 그녀(비평가)는 내담자가 결코 좋은 사람이 아니며 올바르지도 못할 거라고 매우 또렷한 음성으로 확실히 비판한다. 또 다른 내담자는 내면의 비평가를 자신의 유대인 할머니로 생각하고 있다. 그 할머니는 무슨 일이 벌어지든지 아무 문제가 없다며 아무튼 그녀가 모든 멍청한 사람들보다 낫다고 이야기한다.

비평가는 우리가 잘되라고 끊임없이 잔소리를 해대는 할머니이자 영적 지배자이다. 그러나 비평가는 직접경험을 저지하기 위해 만들어진 인지적 중독과 한편에 서 있다. 직접경험은 그 비평가를 위협한다. 비평가는 직접경험이 전체성을 재구성하고 그/그녀를 쫓아낼 거라고 여기기 때문이다. 비평가에 중독되는 이유는 그/그녀가 우리에게 나쁠 것이 없고 큰 실수를 막아주고 어떻게든 도움이 된다고 생각하기 때문이다. 많은 중독자들은 그들이 비평가 덕분에 실수를 모면했고 그래서 비평가가 필요하다고 말한다. 그리고 그 주장은 설득력이 있다. 우리는 자신이 원하는 다른 이의 모습이 되기 위해 적어도 자신의 일부를 포기해야 했을지도 모른다. 그래서 [내면의] 비평가는 자신의 일부를 멀리, 적어도 그것들이 우리의 정체성으로 확인될 수 없는 충분한 안전지대까지 밀어내는 메커니즘이다.

고백단계의 작업은 우리가 비판의 소리를 알아보고 그 목적, 우리에게 어린 시절 환경을 계속 재현시키려는 목적을 확인할 때 시작한다. 이러한 현상유지의 서비스에서 비평가는 종종 겉으로는 명확하게 보이지만 사실은 [자아를] 해체시키기 위해 디자인된 것임을 보여줄 것이다. 비평가는 음흉하다. 그렇게 정말같이 말하고 확신을 준다. 내 자신의 비평가는 내가 무언가를 붙잡고 있거나 진실을 완전히 토로하지 않으면 무자비하게 지적하곤 한다. [이렇게 비판의 소리가 들릴 때가] 자신의 잘못을 참회하고 더 잘하겠다고 결심하는 순간이라기보다는, 비판의 소리와 그것이 나를 어떻게 조정했는지에 관해 막 진실을 이야기하려던 순간임을 깨닫는 데 상당한 시간이 걸렸다.

우리가 비평가와 일하는 방법은 그/그녀의 가치를 인정하는 것이다. 비평가들은 모두 좋은 구실을 가지고 온다. 의식적으로 비평가가 자신을 내세우도록 허용함으로써 그들의 초기 동기를 찾아낼 수 있다. 나에게는 '훌륭한 선생'이라고 부를 만한 내면의 비평가가 있다. 이 캐릭터 때문에 나는 가슴에 바람이 들어가고 팔을 거만하게 움직인다. 그리고 정교하고 조정된 음성도 보유하고 있다. 그녀(비평가)는 내가 가르칠 때 자연스럽게 등장한다. 그녀는 내가 똑똑하고 명확하고 매력적이어야 하고 그렇지 않으면 학생들이 나를 좋아하지 않을 것이라고 가정하는 내 자신의 일부이다. 그녀는 자신의 깊은 내면에 실제론 멍청하고 어리석으며 거짓되기까지 하니 학생들에게 이것을 숨길 필요가 있다는 속 믿음을 유지하고 있다. 그녀는 또한 내가 학생들에게 인정받아야 하고 그렇지 않으면 행복하거나 성공할 수 없다고 가정한다.

나는 최선을 다해 그녀가 원하는 것을 '실행함'으로써 그녀를 확인하고 함께 일하기 시작했다. 심지어 나는 그녀의 자세나 동작을 과장하고, 똑똑하고 내가 생각하기에 아주 오만한 일들을 하기 시작했다. 이렇게 할 때 나는 그녀의 매우 다른 면을 발견했다. 그녀 역시 내가 아주 영리하고 현명하고 로키 산맥 지역에서 가장 뛰어난 선생이라고 믿어주었다. 그녀는 보통 때는 너무 점잖아서 드러낼 수 없었던 비밀 속의 자랑스러운 크리스틴(Christine)을 창조해냈다. 내가 그녀에게 조정되기보다 그녀와 함께 즐기기 시작한 것은 그녀의 양면을 모두 발견할 때였다. 지금은 그녀가 온다는 것이 느껴지면 수업을 중단하고 학생들을 위해 그녀를 '연출'한다. 그러면 교실은 웃음바다가 되고, 내면 캐릭터의 쉬운 예로서 나를 사용하고 어떻게 그 캐릭터와 친숙해지는지를 실제 보여주는 기능까지 추가된다.

캐릭터와 친해짐에 의해 우리는 그것을 자신의 소유로 인정한다. 이때 우리는 직접경험을 회복하고 몸과 행동, 생각에 그 캐릭터를 묻어두던 끝나지 않은 상처에 접근한다. 그리고 선택하는 능력, 에너지, 전체가 되는 자신의 능력을 회복한다.

창조적 감응

우리가 스스로를 현재 순간에 위치시키면서 자기 자신이 되고자 할 때 창조성이 살아난다. 예술가와 철학자는 창조성을 종종 구식의 형태나 낡은 방법으로 사물을 보는 방식에서 탈피하여 기꺼이 새로운 형태의 감지와 행위가 일어나는 것으로 생각한다. 아인슈타인은 뉴턴 물리학의 절대 진리의 믿음에 대해 [새로운 방식으로] 충분한 시간을 유보했던 첫 번째 사람이었기에 상대성 원리를 만들어낼 수 있었다. 우리의 전체 자아를 자신의 것으로 인정하는 행위, 어떤 감각이나 감정, 직접경험도 기꺼이 놓치지 않을 때 창조적 잠재력이 탄생한다. 그래서 중독성과 창조성은 양극단이다. 서로 함께 행복하게 살지는 못한다. 중독은 우리가 삶에 대해 창조적 감응을 찾지 못하도록 하고 이와 반대로 우리가 창조적 삶에 관여하게 되면 [중독의] 파괴적 습관은 최소화된다.

우리 삶에서 매번 일어나는 사건에 창조적으로 감응하는 것은 그 안에 자신을 소유함으로써 발생한다. 우리가 자신의 경험을 소유하면 그 경험을 통해 만족스러운 방식으로 자신을 차지하기 위해 필요한 모든 것에 접근한다. 본질과의 합일을 향해 자신만의 창조적 여행을 위한 능력에 다다르는 것이다. 우리는 식물같이 무기력하게 자라는 대신에 재창조를 배운다. 진실을 경험하고 표현하기 위한 학습은 이러한 과정에서 너무 중요하여 그것 자체를 위한 주의력과 훈련이 가치를 발한다. 다음은 우리 삶에서 진리를 회복하는 데 도움이 되도록 고안된 훈련이다.

진실 말하기를 위한 집중훈련

1. 당신의 현재 경험을 묘사하기 시작하라. 신체 감각, 고통, 긴장, 느낌, 생각 등을 철저히 사실적·구체적으로 기술하라.

2. 이 감각들과 함께 머물면서 그것을 충분히 표현하라. 이것은 깊은 숨이나 움직임, 소리 내기, 또는 느낌의 표출을 필요로 한다. 몸의 인도를 따라 여러분이 경험하고 있는 것 모두를 명확하고 정밀하게 표현하라. 정확히 있는 그대로의 것을 표현하고 다른 어떤 것도 만들지 않는 것이 중요하다. 우리는 있는 그대로의 느낌보다는 크거

나 작은, 변형된 느낌에 잘 길들여져 있다. 여러분이 그렇다고 확인되면 어떻게 그 느낌을 통제하고 있는지 발견하고 명확하고 철저하게 묘사하려고 노력하라.

3. 여러분의 현재 경험을 운전하고 창조하는 핵심적인 표현과 위치를 발견하라. 여러분이 앞의 과정에 있으면 이것은 자연스럽게 일어난다. 그것은 다음과 같은 표현들이다. 그 과정은 여러분의 배우자에게 "어떻게 그렇게 할 수가 있어?"라고 질문하면서 시작한다. 그리고 그것은 다음과 같은 표현으로 옮겨간다. "나는 정말 화가 난다", "네게 말할 때 주먹이 불끈 쥐어지고 머리끝까지 화가 나", "내가 앞으로 나가 주먹을 쥘 때, '남자들은 내게 항상 상처를 줄 거야'라는 소리가 들렸어", "엄마는 언제나 그렇게 말했지, 그리고 엄마를 믿었던 내가 잘못이지", "네가 나한테 상처를 준다고 생각해서 너를 밀어내고 있다는 것을 깨달았다". 우리는 갈등을 추적함으로써 끝나지 않은 원조 격 상처에서 이어 내려온 이러한 종류의 메시지를 만날 수 있다. 이 메시지는 말을 통해, 이야기되지 않은 부분을 통해, 신체적 상호 작용과 경험을 통해, 부모의 정리되지 않은 느낌이 태아에게 전달됨을 통해, 어린 시절의 감정 억제를 통해 전달될 수 있다.

4. 깊은 층의 진실을 계속 이야기함으로써 일어나는 에너지에 탑승하라. 위 경우의 사람은 엄마가 가져다준 신념에 더 이상 관여하지 않으려고 비탄에 잠기거나 소리치든지, 요동을 할 것이다.

책임지기 = 몸으로 돌아가기

5. 여러분이 완전히 살아 있음과 현재성을 느낄 때까지 그 묘사와 느낌, 표현의 사이클에 머물러라. 이것은 여러분이 본성을 발견했고 거기서부터 모든 것이 작용한다는 신호이다.

6. 나아가 여러분 자신과 다른 사람들을 위해 이 에너지를 사용하라. 아마도 목욕이나 가벼운 산보를 하면 기분이 좋아질 것이다. 아마도 옛 친구에게 전화를 걸어 여러분의 경험을 나누고 싶을지도 모른다. 우리가 질질 끌어온 모든 억제된 진실을 풀어놓고자 하는 충동을 맛보는 이 과정에서 기분이 좋아지는 것이 보통이다. 자, 이제 당신도 해보라.

내가 겪는 최상의 놀라움과 자유로움은 어떤 상황에서나 조건 없이 무슨 일이 벌어져도 진실을 토로하는 것이었다. 그것은 내가 감각이 깨어 있을 때만 과자를 먹는 것과 비슷하다. 그것은 지독하게 어렵고 고통스러운 자극이다. 하루에도 몇 번씩 거짓말을 하는지 모른다. 내가 이 철저하고 고통스러운 깨달음의 과정을 통해 자신을 조사했을 때 진실의 토로는 내가 전에 생각했던 것보다 훨씬 복잡하다는 것을 발견했다. 큰 장애물은 전에도 언급했듯이 진실이 무엇인지 구별하기 어렵다는 것이었다. 나는 그 본질을 찾아내는 데 무척 오랜 시간이 걸렸다. 진실은 재론의 여지가 없는 직접경험의 조건 없는 표현이었다. 나는 진실이 무엇인지에 대한 실제 의미를 마침내 발견하고 그것이 세상에서 어떻게 작용하는지 알아보기 시작했다.

먼저 진실은 단순히 거짓말을 하지 않는 것을 뜻한다. 그것은 아주 분명하지만 그 자체만으로는 충분치 않았다. 나는 수많은 거짓을 위한 변명을 발견했다. 다음은 그 예이다.

- "그것은 선의의 거짓말이야. 아무에게도 해가 되지 않아."
- "거짓말을 하면 내가 원하는 것을 더 많이 얻을 수 있을 거야."
- "진실을 말하면 다른 사람이 감당하지 못할 거야. 내가 그들을 보호해야 해. 그들이 알면 곤란에 빠질 거야."
- "거짓은 진실과 비교할 수 없을 만큼 흥미롭지. 내가 진실보다 재미있고 드라마틱한 것을 따라서 상황을 지어내면 훨씬 흥미 있고 좋아할 만하지 않을까?"
- "진실을 말하면 나는 인정받지 못하고 속이 다 보여 버림받을 거야."

이렇게 그럴듯하게 자기가 편한 방식의 변명이나 구실에도 불구하고 이러한 근본적 행위를 청산할 수 있을지 궁금해진다. 나는 거짓에 대해 어떤 변명을 늘어놓기보다 진실되기 위해 노력하면서 실제로 그렇게 했을 때 흥분의 도가니 속에 빠졌다. 심리학자 프리츠 펄스는 언젠가 두려움은 숨 쉴 수 없는 흥분을 만들며 거짓말을 참아내기 시작했을 때 나는 분명히 공포와 흥분의 칼날 위를 달리고 있었다고 이야기한 적이 있다. 호흡을 기억해내는 것은 큰 도움이 된다. 그리고 나는 사실 인정받지 못하는 것보다 따분하게 생각되고 비판받는 것보다 이 흥분을 몹시 두려워하고 있었다.

다음에 나는 또 다른 질의 진실을 파헤쳤다. 그것 역시 묻어둘 수 없는 진실이었다. 그 특성은 우리가 증인석에 서서 진실을 말할 것을, 오로지 진실만 말할 것을 선서할 때 알게 되는 것이다. 가톨릭교회에서 실제 저지른 죄는 물론 태만의 죄를 알아낼 때 같은 원리가 적용된다.

책임지기 = 몸으로 돌아가기

그래서 나는 자신을 좀 더 뜨거운 자리에 앉혀보았다. 진실을 말하는 것뿐 아니라 감추지 않도록 하는 것이다. 해리엇 러너(Harriet Lerner)는 그녀의 책, 『거짓의 댄스(The Dance of Deception)』에서 이 아이디어를 매우 정교하게 조사했다. 그 안에서 그녀는 순수하지만 약간은 당혹스러운 진실을 밖으로 내지 않는 가족에서 나타나는 결과를 조사했다. 엄마는 한 딸에게 이야기한 것을 다른 딸에게는 말하지 않기로 한다. 그 정보는 대수롭지 않은 것이었지만 엄마는 부지중에 딸 하나를 무시하고 다른 하나는 인정하는 가족의 역학관계를 만들어내었다. 하나는 힘을 받았고 다른 딸은 그렇지 못했다. 힘을 받지 못한 딸은 이상하게 행동하기 시작했다. 그녀는 자신이 엄마의 대화 상대에 끼지 못한 것에 대해 응어리를 가지고 있었다. 그 가정의 역학적 문제가 해결된 것은 엄마가 그녀가 붙잡고 있었던 고민을 원상으로 되돌린 다음이었다.

일단 진실 고백은 숨기고 있는 것을 털어버리는 것을 포함한다는 점을 명백히 하고 나는 좀 더 깊은 차원의 진실을 조사하기 시작했다. 그리고 거기서 나는 진실의 다음 속성을 발견했다. 자신이 기교적으로 진실을 말하는 와중에 거짓말을 하곤 한다는 사실이었다. 어느 날 친구와 잡담을 주고받는 중 자신을 보았을 때 이 점을 발견했다. 나는 한 친구에게 다른 친구 이야기를 하고 있었는데 느낌이 다소 분명치 않고 미묘하게 엇갈리는 것을 발견했다. 그것은 내가 거짓말을 할 때 보통 느껴지는 끈끈한 느낌을 동반하고 있었다. 그러나 나는 진실이 아닌 어떤 것을 말하고 있지는 않았다. 그렇다고 내가 신상에 관한 비밀을 말하는 것도 아니었다. 하지만 그 자리에 없는 친구가 그녀 자신에 대해 이야기할 기회를 훔치는 그런 느낌을 받았다. 나는 다른 친구에게 그녀가 미처 깨닫지 못하는 것까지 알고 있는 양 이야기했다. 나는 우리 셋 사이에 자신을 정보제공자, 정보를 훔친 자로 던져놓고, 다른 친구 둘 중 하나는 장물을 수령하는 자, 또 하나는 범죄의 희생자로 만드는 역학관계를 형성했다.

여기서 나는 무엇을 시도했는가? 자신을 돌아본 순간 내가 정말 원했던 것은 내 친구와 친밀감을 형성하는 것임을 깨달았다. 나는 친구에게 은밀한 정보를 제공함으로써 그것을 이룰 수 있다고 믿었다. 그렇다면 내 친구를 향해 내가 얼마나 신경을 쓰고 있고 함께 있는 것이 즐거운지 이야기하면서 좀 더 깊은 진실을 말하는 점을 배웠어야 했다. 간접을 넘어선 직접적인 선택은 다른 새로운 수준의 흥분, 내가 여전히 배울 것이 있음을 알려주었다.

우리는 진실의 최전선에 생명을 기꺼이 내어놓은 사람들의 삶을 볼 때 진실의 또 다른 깊이를 본다. 마하트마 간디(Mahatma Gandhi)와 마틴 루서 킹(Martin Luther King. Jr.)은 참아내기 어려운 불확실성에 직면해서도 억압에 관해 진실을 이야기한 사람들의 예이다. 예수가 예언한 것처럼 진실은 사람들을 자유롭게 했다. 나치 규율의 첫 번째 희생자는 진실이었다. 억압은 거짓을 구조화한다. 그리고 진실은 억압이 직면한 변화의 가장 강력한 에이전트이다. 나는 1970년대에 칠레를 지배한 억압적인 군사정부의 가공할 만한 힘을 기억한다. 어느 누구든지 정부를 비판하거나 말을 함부로 하면 끌려가서 영영 나오지 못했다. 수천의 칠레인들이 이 고통을 겪었지만 그 체제는 어떤 변화의 신호도 보이지 않았다. 아주 자연발생적으로 일어난 일에 여자들—실종자의 엄마와 부인, 누이들—이 시 광장으로 모여들었다. 그들은 실종된 사랑하는 사람들의 사진을 가지고 나와 서로에게 그리고 지나가는 사람들에게 보여주었다. 어떤 이는 사진 아래 실종이라고 간단히 적힌 말과 함께 지나가는 차에 사진을 보여주기 시작했다. 칠레 말로 데사파레시도스(los desaparecidos), 즉 실종자라는 진실과 함께 단지 앉아서 질문이 필요 없는 진실을 이야기한 이 용감한 여인들은 마침내 그 체제를 무너뜨리는 양심의 강력한 힘이 되었다. 우리는 모두 일상의 삶에서 이러한 종류의 변화를 일으키는 에이전트가 될 수 있다. 조건 없는 행위로 진실을 실행함으로써 우리 자신은 물론 우리와 친밀한 관계에 있는 사람들까지 자유롭게 할 수 있다. 우리가 삶의 주인이 되는 것은 세상에 엄청난 결과를 가져올 수 있다. 이 진실은 거의 30년을 감옥에서 보내고 남아프리카의 대통령이 된 넬슨 만델라(Nelson Mandela)의 취임 연설에 잘 나타나 있다.

진정 두려운 것은 우리의 부족함이 아니라 우리 자신이 상상을 초월할 만큼 강하다는 점이다. 우리를 정말 놀라게 하는 것은 어둠이 아니라 빛이다. 자신에게 물어보라. 자신이 얼마나 총명하고 대단하고, 재능 있고, 훌륭한지를. 사실 그렇지 않은 이가 어디 있는가? 우리는 모두 하느님의 아들, 딸들이다. 여러분의 소극적 행위는 세상에 기여하지 못한다. 우리는 내면에 있는 신의 영광을 드러내기 위해 세상에 태어났다. 자신의 빛을 비춤으로써 우리는 무의식적으로 다른 사람도 같이 세상을 비출 기회를 제공한다. 자신의 공포에서 해방될 때 우리 존재는 자동적으로 다른 사람을 해방시킨다.

깊이 있는 표현 안에 진실을 고백하면 변화가 만들어진다. 그것은 창조적인 에너지 이상이고, 더욱 큰 흥분(그리고 호흡)이며, 매우 중요한 것일 수 있다. 그리고 그것은 우리가 더 이상 감추어야 할 것이 없도록 만들어 준다. 우리는 삶에 투명해지고 우리가 감추곤 했던 옛 신념에 대한 방어벽들을 녹일 수 있다. 우리는 자신이 여전히 부분적으로 감추고 있으면서 다른 이들한테 우리를 들여다볼 것을 요구하는 대신에 관계 속에서 당당히 보이는 책임을 지도록 배워야 한다. 고백단계에서는 깨어 있는 바를 가시적으로 만드는 연습을 한다. 아래는 우리의 가시성을 증대시키도록 고안된 추가 훈련 방법이다.

고백단계를 위한 수련

1. 여러분에게 어려움을 주었던 과거의 사건을 선택하라. 그것을 마음 속에 가능한 한 분명하게 회상해내라. 이렇게 할 때 몸에 어떤 감각과 행동이 일어나는지 주목하라. 가슴이 뛰는가? 배가 경직되지 않는가? 이 감각과 느낌에 참여하면서 호흡과 함께 그리고 그것들을 표현하는 온갖 종류의 움직임과 함께 그것들이 일어나도록 허용하라. 그 움직임이 만족스럽게 완성되었다고 느낄 때까지 그 과정에 머물러라. 이와 동일한 감각이 여러분의 일상생활에서 일어나는지를 주목하고 그것이 일어날 때 이 수련을 하라.

2. 스스로 자신의 몸을 만지면서 그리고 다른 물체나 사람을 접촉할 때 그것들을 감지하면서 몸의 적절한 경계를 느껴보아라. 느낌이 어떤가? 여러분 몸의 경계에 관해 사람들에게 들은 점들을 기억하라. 어떤 경계가 다른 것보다 적절한가? 여러분 몸의 경계를 경험하는 방식과 여러분이 다른 사람과 섞이거나 다른 사람으로부터 고립되는 경향 사이에 어떤 관계가 있는가? 자신에 관한 그림을 그리는 것이 도움이 될 것이다(그림의 스타일과 기법은 염려하지 말라). 그리고 여러분이 어떻게 자신의 경계를

책임지기 = 몸으로 돌아가기

그렸는지 응시하라.

3. 여러분이 현재 경험하고 있는 어떤 것에 대해 자신이 비난하고 있는 사람이나 일이 있는지 확인하라. 지금 그 속으로 들어가라. 그렇게 들어가서 여러분이 이 사람에 관해서 느끼는 것은 어떤 것이든지 말할 수 있는 것처럼 꾸며보자. 비난과 함께하는 자세, 언어표현, 움직임을 가정하면서 몸이 움직이는 대로 놓아두어 보라. 이렇게 할 때 몸이 어떻게 느껴지는가? 감각의 위치와 강도를 주목하라. 지금은 비난에 대해서 털어 버리고 감각과 느낌에 초점을 맞추라. 그것들이 친숙하게 느껴지는가? 그것들은 여러분으로 하여금 다른 이를 생각나게 하는가? 우리는 종종 이와 꼭 같은 끈질긴 비난의 화살을 받고 있었음을 발견한다. 그리고 우리를 억누르고 있었던 것이 자기 자신이었음도 발견한다. 이 시나리오 에서 여러분 스스로가 피해자요, 동시에 가해자라는 느낌을 갖고 진실을 이야기하도록 허용하라. 여러분이 느끼기에 부담이 되는 다른 사람이나 사물을 이용하면서 이 수련을 반복하라.

4. 여러분 자신이 스스로에 대하여 싫어하는 점을 찾아보라. 여러분 자신이 이 부분에 대해 어떻게 느끼는지를 보면서 시간을 보내보라. 어떤 이미지가 마음에 떠오르는가? 그리고 이것을 주목하라. 그 증오의 부분은 여러 속성을 갖고 있다. 부정적인 면들을 버리고 긍정적인 것들을 호명해 보라. 예를 들면 여러분은 직장상사에게 통제를 잃고 대든 자신의 일부가 싫을 것이다. 깊이 들여다보면 스스로 주저하지 않고 상사에게 반대한 [긍정적인] 면도 여러분의 일부라는 것을 알 수 있을 것이다. 우리가 증오 하는 부분도 보통 삶에 중요한 기능을 보유한다. 그렇지 않다면 그것이

주변에 붙어 있지 못할 것이다. 시간을 내서 이 부분이 여러분을 위해 작용하는 속성들에 대해 고마움을 가져보라. 그것 속으로 호흡할 때 몸에 어떤 변화가 일어나는지 관찰하라. 몸에 어떤 변화가 일어나도 그 가치를 인정하라.

5. 다음에 여러분의 자아비판을 생각해보고 그것과 함께 수련하라. 그 [내면의] 비평가에게 소리와 신체적 자세, 특별한 동작을 부여하라. 비평가가 사용하는 [특별한] 움직임과 모양새가 어떤지 발견하라. 지금 그것을 행해서 비평가를 누그러뜨려라. 여러분이 비평가를 가장하면 할 수록 그/그녀는 더욱 우스꽝스러워지고 여러분은 그 비평가를 즐길 수 있다. 그리고 비평가의 전략을 확인함으로써 여러분은 다음번에 그/그녀 의 나타남을 훨씬 쉽게 감지할 수 있다. 다음에는 여러분이 비평가를 맞아들일 수 있다. 그/그녀에게 환영한다고 말하고 그/그녀와 친해지면서 동시에 도전해보라.

7. 관계 안에서 회복하기: 춤추는 몸

중독은 자유는 물론 사랑까지 파괴한다. 사랑하는 사람은
기꺼이 움직이지만 중독된 사람은 현상에 집착한다.
— 샘 킨, 『열정적인 삶(The Passionate Life)』

무빙 사이클의 다음 단계는 수용단계, 사랑과 모든 관계의 바탕을 이루
는 단계이다. 사전에서는 수용을 "믿음의 행위" 또는 "기꺼이 받아들임"
등으로 정의하고 있다. 수용은 진실 말하기와 책임지기를 일관되게 학습
함으로써 자라난다. 무언가를 수용할 때 일어나는 일은 자신과 조건 없는
관계를 형성하는 것이다. 진실에서 물러나지 않을 때 있는 그대로의 진실
을 수용할 수 있다. 자신의 경험에 다음과 같은 조건을 달지 않는다.
"이 느낌은 좋은데, 이건 아니야." "이 생각은 수용할 만한데 이건 아니
지." 우리가 자신의 경험에 조건 없이 관계할 때는 그것을 받아들이는
것이다. 그리고 그것을 열린 태도로 즐길 수 있다. 수용단계는 AA에서
부르는 '평정심(serenity)'과 유사하다는 것이 내 생각이다.

경험을 수용할 때 우리는 그 강도를 견딜 수 있다. 그것으로부터 배울
수 있으며 심지어 그 안에서 기쁨도 발견할 수 있다. 사실 우리는 수용의

과정에서 그 실제 내용에서보다 더 많은 자양분을 공급받고 기쁨을 느낀다. 실제로 우리가 발가락의 고통을 받아들이든지 사랑하는 사람의 얼굴이 아름답다고 받아들이든지 간에 수용하는 것 자체로 기분이 좋아진다. 수용에서 중요한 것은 무슨 일이 일어나는지의 내용이 아니라, 만족스러운 경험과 함께하는 행위이다. 이것은 사실 중독 과정에 있는 사람과 정상인의 중요한 구별점이다. 중독일 때는 중독성 물질이나 행동이 우리를 즐겁게 만든다고 생각한다. 그래서 그것이 눈앞에 있지 않으면 갈망을 느끼거나 강렬한 욕구를 느낀다. 이때 우리의 경험은 지금 [눈앞에] 있는 것에 따라 조건부로 존재한다. 그러나 우리가 중독을 끊어버리면 있는 그 자체를 경험하는 과정에서 만족을 얻는다. 경험은 항상 거기에 있기 때문에 단순히 거기에 참여함으로써 무한한 만족을 얻을 수 있다. 그것은 무한한 자원이다.

스스로를 수용할 때 사랑은 다시 태어난다. 아무것에 의해서도 상처를 입지 않고 자포자기되지 않을 때 [내 안의] 사랑은 현존한다. 부모가 아이를 사랑하는 것같이 무조건적인 방식으로 스스로를 사랑하고 있는 것이다. 우리가 이 조건 없는 사랑을 갖지 못한다면 그것을 스스로 안에서 발견하고 다시 창조해야 한다. 사랑의 실용적 정의는 "조건 없는 수용이다".

우리 대부분은 의심이나 불신이 있더라도 수용을 생각하도록 배웠다. 수용을 묵종이나 무차별적인 용서와 동일시한다. 이런 일은 수용이 무엇인지 잘 모를 때 일어난다. 수용은 우리가 어떤 사람이나 사물에게 주는 어떤 것이 아니다. 그것은 단지 자신의 경험에 대한 관계의 기능으로서 존재한다. 즉, 받아들일 수 있는 것은 당신이 아니라 당신과 함께 있을 때 갖는 모든 느낌, 당신에 대해 갖고 있는 내 생각을 조건 없이 수용한다는 뜻이다. 이것은 그 느낌들이 우리의 것이고 당신에 의해 만들어지지

관계 안에서 회복하기

않는다는 것을 인정한다는 말이다. 또한 우리가 이 느낌 속에 전념하고 있다는 말이다. 우리는 자신의 경험을 받아들일 뿐이다. 당신의 경험에 대해 가타부타하려고 여기 있는 것이 아니다. 자신의 경험을 수용하는 것이 할 수 있는 최선의 사랑의 행위에 전념하는 것이다. 다른 이의 경험이 아닌 자신의 경험에 충실할 뿐이다.

관계 안에서 가장 심한 상처로 남는 일은 다른 사람이 자신의 느낌에 원인이 되었다고 믿을 때이다. 마치 모터 달린 장난감처럼 순종 이외에 다른 선택이 없고 다만 다른 사람들이 누르는 단추에 의해 움직이는 것처럼 "너 때문에 화가 났다"고 비난하는 경우이다. 심리학자들은 이런 현상을 '통제의 외부 거점화'라고 부른다. 우리는 실제로 다른 사람들이 우리를 통제하고 있다거나 우리의 느낌과 경험을 결정한다고 믿는다. 통제의 이러한 외부 위치화가 중독의 기초가 된다. 우리는 우리 자신보다 알코올, 음식, 담배, 과도한 생각 등이 주도권을 잡고 있다고 믿는다. 우리가 자신의 경험을 받아들이지 않을 때 이렇게 다른 사람이나 사물에 통제력을 이양하는 일이 발생한다. 자신의 현재 경험이 올바르지 않다고 결정하면서 그 잘못을 외부영향 탓으로 돌리는 경향이 있다.

우리가 깨어나서 현재의 경험이 자신의 것임을 확인하고 받아들일 때 통제의 근원은 내면화된다. 어니 라르센(Ernie Larsen)의 말을 빌리자면 자신의 버스를 운전하게 되는 것이다. 이렇게 할 때 다른 사람들에게도 그 스스로가 될 수 있는 많은 공간을 부여하게 된다. 어떤 의미에서 그것은 사람들을 축복해주는 행위이다. 그러나 이 [다른 사람에 대한] 수용은 단지 자아 수용의 잉여물일 뿐이다. 관계가 형성될 수 있는 것은 다른 사람이 그 자신이 될 수 있도록 우리가 창조한 이 공간의 틀 안에서이다. 우리가 다른 이들에 대한 기대나 생각, 또는 어떤 것이 그들에게 좋은지에 대한 선입관을 벗어버리면 사람들을 정확히 볼 수 있다. 가까워지기도 하고 멀어지기도 할 충분한 공간을 갖는다.

자신의 경험을 수용하면 그것을 통해 자아 경계선이 만들어지는 내부 위치가 발견된다. 그리고 경계가 있을 때 비로소 접촉이 가능해진다. 접촉은 관계를 위한 식량이고 연료이다. 프리츠 펄스는 접촉이 인간의 본질적 욕구이고 다른 욕구는 자율적 접촉기능이 가능할 때 충족될 수 있다고 한다. 중독이 만들어지고 포기되는 것은 바로 이 자아 경계선에서이다. 우리가 지금 경험하는 것을 수용하면 창조의 중심이 되는 내면에 하나의 자아 경계선이 창조된다. 이 창조 센터는 아무 조건이 존재하지 않기에 본원적 사랑의 중심이 된다. 이 창조 센터를 다시 찾음으로써 우리는 다른 사람과 창조적 접촉에 능력을 가질 수 있게 된다. 그리고 그 접촉의 공간에서 다른 사람에 대한 사랑이 다시 태어난다.

적극적 참여(commitment)는 수용단계의 본질적 특성이다. 조건 없이 자신의 경험에 관여함으로써 우리는 관계에 참여할 능력을 위한 무대를 만든다. 나는 회복 과정에 들어가기 전에 관계를 정리하는 해묵은 습관이 있다. 관계가 너무나 강렬했기 때문이다(아주 고약하든, 아주 훌륭하든 간에). 나는 다른 사람과 단지 조건부로 관계를 맺을 수 있었다. 내가 좋아하지 않는 관계를 약간 경험한다면 그 관계가 부정적 경험의 원인이 되었다고 가정하면서 관계를 정리하곤 했다. 불유쾌한 경험을 밖으로 드러내지 않음으로써 나는 관계 안에 계속 머물기 쉽다는 것을 발견했다.

관계에 문제가 생길 때 나는 지금 백만 불짜리 질문을 스스로에게 던질 줄 안다. 그것은 "나는 지금 무엇에 매달려 있는가?"이다. 대답이 내가 지금 '올바른' 일이나 희생제물이 되는 데 매달려 있다든지 또는 계속 내 방식을 고집하는 것으로 나타나면, 지금 현재의 경험을 받아들이지 않고 있는 것이다. 그러면 깨어나기 위한, 그리고 자신의 경험을 소유하기 위한 의식적 노력을 만들 수 있다.

우리가 우리 자신과 하나의 관계에 전념할 때 다른 사람과 함께 일종의 자양분 교환의 성격을 띤 대화(dialogue)를 창조해낼 수 있다. 우리가 우리 자신과 관계를 벗어난 것에 매달릴 때는 독백(monologue)이나 여행담(travelogue)이 만들어진다. 독백에서는 자신이 말하는 것을 듣고 싶은 욕망에 빠진다. 특별한 경우가 아니라면 다른 아무도 포함될 필요가 없다. 사물/사건도 자기 방식으로 본다. 여행담에서는 [지금 현재의] 관계보다 스토리, 사건, 반전이 더 중요하게 만들어진다. 우리는 지나왔던 진부한 길을 따라 동일한 장소로 되돌아가고 만다.

대화는 흥분되는 사건이다. 우리 모두는 그것을 참아내고 그 강도를 즐기는 방법을 배워야 한다. 대화는 두 개의 물체가 가까워질 때 열을 발생시킨다는 물리적 법칙을 따른다. 신성한 삶이 주는 수업의 일부는 자신을 태워버리지 않고 관계가 만드는 열기를 쬐는 방법을 배우는 것이다. 이를 위해 우리는 끊임없이 자신을 따뜻하게 할 적당량의 열을 발견하고 어느 정도의 거리가 필요한지 알아내야 한다. 거리가 멀어지면 한기가 느껴질 것이고 가까워지면 우리는 상대와 하나가 되어 경계를 잃고 타버릴 것이다. 이것은 경험을 깨우고 확인하면서 태어나는 달콤한 변화의 댄스이다.

대화는 관계가 만들어내는 열기에 의식적으로 주의를 기울이는 과정을 포함한다. 파트너와 가까워질 때 우리는 진실을 이야기하고 감정을 느끼고 표현할 욕구가 증가한다. 이것은 모든 관계의 해안선을 따라 씻겨간 에너지의 파도를 통해 우리 자신과 파트너를 안전하게 지킬 유대감을 창조한다. 대화 중 우리는 자신뿐만 아니라 파트너, 그리고 함께 창조하는 에너지에 주의를 주게 되는 것이다. 우리 자신이 이 에너지에 대해 깨어 있지 못하면 이런 일이 일어날 때 종종 그 안에 압도당하고 만다.

내가 십 대일 때 가장 황홀하고 흥분되는 일은 남 캘리포니아 집 근방의 해변에서 서핑하면서 수영하는 것이었다. 큰 파도를 가로질러 뛰어올라 그 아래로 다이빙하며 물마루를 타고 달리는 쾌감은 정말 십 대다운 축제 그 자체였다. 언젠가 폭풍이 지나가고 파도가 어떤지 그리고 그것이 어떻게 부서지는지 알아볼 겨를도 없이 곧바로 물로 달려간 적이 있다. 이윽고 괴물 같은 파도 떼가 5분마다 한 번씩 몰려오는 것을 알았지만 나는 너무 깊이 있었기 때문에 빠져나올 수 없었다. 나를 뒤덮은 파도는 폐에서 나오는 공기를 덮어버리고 나를 걸레조각같이 내던져 버렸다. 내가 의식을 잃어버린 뒤 곧바로 구조원이 나를 구해냈다.

관계는 해변에서 보았던 그 엄청난 파도를 몰고 온다. 그리고 우리가 그것을 고려하지 않고 그것에 깨어 있지 않으면 그 안에 빠져버린다. 대화는 우리를 물 안에서 안전하게 지켜준다. 대화를 통해 우리는 파도에 내던져지지 않고 수영할 수 있다. 내가 물과 나 자신에 대해 5분간만 연구했다면 그날을 안전하게 즐길 수 있는 깊이—즐거움을 극대화하고 내가 충분히 마음껏 놀 수 있는 깊이—를 알 수 있었을 것이다. 해안의 파도같이 관계는 끊임없이 그 높이를 변화시킨다. 그러므로 우리가 깨어 있는 상태에서 주의력을 조율하면 조건 없이 경험을 표현하고 느낄 수 있게 된다. 그리고 그렇게 해야만 [안전하게 즐기면서] 물속으로 들어갈 수 있다.

대화는 다른 사람의 본질을 꿰뚫어보는 능력을 회복시킨다. 그것을 통해 우리는 경계 지점에서 끊임없이 접촉을 시도하면서 진동의 양식으로 관통과 흡수를 반복한다. 다른 사람 속에 있는 본질의 아름다움에 접근하지 못하는 것은 그 아름다움이 우리를 씻기고 뚫고 들어오지 못하게 스스로 막아버리는 것과 같다. 그리고 그 지점에서부터 자신의 아름다움까지도 오래 버틸 수 없게 된다. 세상의 아름다움을 확인하는 것은 생물학적 행동강령이며 그것은 바로 관계의 메커니즘에서 일어난다.

가슴 무너뜨리기

언젠가 나는 아름다운 가르침에 대한 이야기를 들은 적이 있다. 랍비는 학생들에게 수업에서 자신이 가르친 것을 가슴 위에 놓아두라고 이야기했다. 한 학생이 손을 들고 질문했다. "그렇지만 선생님, 당신께서 가르침을 우리 가슴에 넣어주시면 안 되나요?" "안 되지요." 랍비가 대답했다. "오직 하느님만 그렇게 하실 수 있습니다. 가르침을 가슴 위에 올려놓으면 그것이 무너질 때 가르침은 안으로 떨어지니까요."

사랑은 가슴을 무너뜨린다. 그러나 그것은 그 때문에 좋은 것이다. 수용단계는 우리 가슴의 벽을 깨뜨려 열게 하기 위해서 디자인되었다. 가슴의 벽을 무너뜨리면 더욱 큰 사랑을 담을 수 있다. 사랑이 선사하는 기회를 얻는 데 실패할 때마다 우리 가슴은 산산이 무너진다. 우리가 삶과의 대화에 머물고 있을 때 우리 가슴은 깨지고 열려 더 큰 생명력이 흘러든다. 그리고 사랑에 대한 우리의 수용력이 증가한다. 무너지고 찢어진 가슴으로 사랑을 느끼는 대신 우리는 뱀이 허물을 벗어버리는 것과 같이 가슴의 낡은 경계를 벗어버릴 수 있다. 사랑은 우리가 이런 식으로 변화하길 요구한다. 우리가 이 부름에 저항하면 그 깨어져 열린 가슴은 상처로 남을 뿐이다. 심지어 이러한 상처도 우리를 깨워주고, 사랑을 위해 더 큰 공간을 만드는 데 핵심적인 역할을 한다.

내가 커플을 치료할 때 제일 먼저 하는 일은 상대를 마주보고 서서 가까이 접근시켰다가 멀리 떨어지는 것을 반복시켜보는 것이다. [그리고 다음 사항을 확인한다] 한쪽이 멀리 떨어지면 다른 한쪽은 포기된 느낌을 갖게 되는가? 한쪽이 너무 가까이 다가오면 다른 한쪽은 질식할 것 같은 느낌인가? 누가 접촉을 주도하는가? 누가 분리를 시작하는가? 한쪽이나 양쪽 모두 그들이 갖는 느낌에 대해 다른 한쪽에 책임을 전가하는가? 상대의 행동에 대해 어떤 종류의 이야기가 나오는가? 이 간단한 실험을 관찰함으로써 놀랄 만큼 완전한 진단을 할 수 있다.

수용단계는 각성단계와 고백단계 이후에 일어난다. 앞의 두 단계가 성립되면 그것이 개인적이든 아니면 파트너 사이이든 간에 수용하는 일이 나타난다. 각성과 감응에 의해서 생산된 에너지의 파도를 완전히 타고 넘어갈 때 우리는 문자 그대로 세포 수준에서 변화한다. 우리는 우리 자신과 다른 사람들과 함께 완전한 일치를 이루도록 삶에 의해 움직여진다. 수용단계가 요구하는 것은 이것을 깊이 인지하는 것이며 새롭게 변화한 나와 함께 기꺼이 지내는 것이다. 그것은 새롭게 태어나는 것과도 같다. 새롭게 도달한 존재를 요람에 눕혀 반기고 사랑으로 그것을 씻기는 것이다.

나는 매번 수용단계의 내담자들에게서 지금 여기 그 존재 자체가 경험되는 수준에 이르는 것을 목격한다. 이 자리에서 순간을 느끼는 것, 개인적인 과거의 타성에서 분리되는 [지금 여기의] 느낌의 틈새로 그들의 자아 개념이 열리고 [수용을 위한] 더욱 많은 공간이 만들어진다. 이때 우리는 자아 개념보다, 몸과 느낌보다, 생각보다 더 큰 그 무엇이 된다. 이 모두를 수용할 뿐만 아니라 더 많은 것을 담을 공간이 생긴다. 나라는 존재는 바로 그 공간 자체가 된다.

이렇게 수용은 공간을 창조한다. 공간은 삶이 끊임없이 우리에게 요구하는 개인적 변화를 위한 여백을 제공한다. 수용단계로 직접경험을 타고 넘어감으로써 우리는 자신의 경험을 붙잡을 공간을 마련한다. 우리의 영적 본성이 회복될 수 있는 것은 이 수용단계에서이다. 우리가 이 공간을 어떻게 규정하느냐 하는 문제는 우리에게 달렸지만, 있는 그대로의 상태를 수용함으로써, 그리고 그 '있는 그대로의 존재'가 만들어내는 변화까지 조건 없이 수용함으로써 그 공간으로 접근할 수 있다.

나는 자신의 어린 시절을 날마다 어둠 속에 깎아지른 절벽을 오르는 날들로 기억하는 자살 기도 환자를 치료하고 있다. 그가 각성단계를 만나고 그의 경험을 일관되게 고백하기까지는 1년도 넘게 걸렸다. 치료를 시작해서 3년째로 접어들었을 때 그는 자신의 세계관이 창조하는 사랑의 결핍에 직면하기 시작했다. 마침내 그는 이 사랑의 결핍이 (간접적일지라도) 엄마가 자신을 함부로 다룬 것에 대한 복수심에서 비롯되었음을 깨달았다. 우리는 요즈음 엄마에 대한 증오의 파도를 직접 넘는 능력을 되찾는 실험을 하면서 그의 삶 안에 관계를 위한 공간창조에 심혈을 기울이고 있다. 그렇게 하는 것이 그가 자신을 죽이지 않는 길이며 다른 사람에게 이런 감정을 투사하지 않는 길임을 확인하면서…….

수용은 최상의 몸 중심 과정이다. 그것은 신체의 느낌을 인지하면서 시작하고 이런 감정을 갖는 자신을 사랑함으로써 앞으로 나아간다. 우리는 삶의 가장 기본적 리얼리티인 몸에 대한 수련을 통해 자기 수용능력을 되찾을 수 있다.

아래는 우리가 받아들임을 위해 타고난 능력을 되찾기 위한 수련이다. 이 수련들은 접촉을 조율하고 그것의 열기(heat)를 즐기는 능력 등과 같이 수용의 기본 요소를 다루고 있다.

수용단계를 위한 수련

1. 어떤 강렬한 느낌이 일어날 때 몸이 그 경험의 수용체가 되도록 심호흡을 연습하라. 이 에너지와 함께 몸을 움직이고 소리를 내면서 몸이 느낌을 표현할 충분한 공간을 만들어낼 수 있도록 하라. 이 훈련은 느낌이 만드는 에너지를 다른 사람에게 투사하지 않고 여러분 자신 안에서 참아내면서 심지어 반길 수도 있게 한다.

2. 크나큰 사랑이 느껴지는 사람을 떠올려보라. 그리고 몸에서 그 사랑이 어떻게 느껴지는지를 찾아보라. 지금 동일한 정도의 사랑을 여러분이 혐오하는 자신의 일부에 보내면서 심호흡하라. 혐오하는 자신의 일부가 사랑과 보살핌이 필요한 어린아이라고 느끼며 섬세하게 다루어라.

3. 파트너 한 명과 마주보고 서라. 천천히 상대에게 걸어갔다가 물러나라. 그 과정에서 상대와의 거리가 너무 먼지 또는 너무 가까운지, 그 [한계] 지점을 느껴보라. 상대는 여러분이 다가가거나 멀어질 때 움직이지 않고 서 있어야 한다. 다음에는 상대가 여러분에게 접근하고 물러나도록 하라. 그리고 둘이 동시에 [접근과 물러남을 시도]해보라. 어떤 느낌과 감각이 발생하는가? 가까이 가기가 어려운가? 여러분이 상대와 멀어졌을 때 당황스러운가? 상대가 움직일 때는 어떤 느낌이 드는가? 상대가 멀어져도 괜찮은가? 상대가 너무 가까이 다가올 때 갑갑하지는 않은가? 일어나는

느낌을 인지하고 그 느낌 속으로 깊이 숨을 쉬어라. 지금 이 순간에 맞는 거리를 발견하고 파트너와 이 수련에 관해 대화를 나누어보라. 이 수련이 여러분의 관계에 대해 무엇을 상기시키고 있는가?

4. 여러분이 인정하고 싶지 않은 사람을 떠올려보라. 여러분이 거부하는 것에 대한 본질을 확인하고 알아보기 위해 잠시 시간을 가져보라. 이제 그 견해에 깔려 있는 느낌에 의혹을 가져보라. 화가 치미는가? 상처를 느끼는가? 이것이 여러분의 경험이다. 그것에 대해 자신을 열어 보여라. 여러분이 자신의 몸에서 일어나는 느낌을 탐사할 때 호기심을 가져보라. 감정과 생각의 질감을 느껴보라. 그것들이 친밀하게 느껴지는가? 전에 그런 느낌을 가진 적이 있는가? 여러분이 기억하기에 이런 느낌을 처음 느낀 것이 언제인가? 그런 느낌들이 누구를 향해 있었는가? 과거의 사건이나 그것과 연결된 유사한 사건에 관해 끝내지 못한 어떤 것들이 남아 있는지 자문해보라. 이것을 끝내기 위해 [1번의] 강렬한 느낌을 다루는 절차를 활용하라.

5. 사랑하는 사람과 마주 앉아라. 파트너에게 이 순간 여러분 자신 안에서 무엇을 의식하고 있는지 자신의 몸 이야기부터 시작해보라. 그리고 파트너도 똑같이 하도록 하라. 상대에 대해 여러분 안에서 일어나는 것에 대한 의식과 여러분이 관찰하는 것 사이를 오가면서 진행하도록 하라. [해석이나 판단을 가하지 말고] 기술적인 차원에 머물러라. 다만 신체적 감각이나 느낌같이 재론의 여지가 없는 것들을 묘사하도록 하라. 조만간 이러한 상호 교환은 약간의 열기를 만들어낼 것이다. 여러분이나 상대가 흥분이나 당혹감, 또는 성가심을 느낄지도 모른다. 여러분의 파트너에

게 이것을 이야기하고 이러한 수준의 친밀감이 일어날 수 있는 공간을 만들기 위해 호흡과 움직임을 증가시켜라. 만족스러운 방식에서 평범한 수준의 나눔이 늘어났다고 느껴질 때까지 그 열기를 통해서 진실고백과 호흡, 움직임을 계속하라.

6. 가슴이 무너져 내렸을 때를 회상하라. 마음에 사건을 재구성하면서 플레이하도록 하라. 이 깊은 만남의 결과로서 사랑이 여러분의 가슴을 크게 부풀려왔음을 상상하라. 이것을 그렇게 만들기 위해 자신 안에 또는 또 다른 사람을 향해 여러분이 알고 수용할 필요가 있는 것은 무엇인가?

7. 가만히 앉아서 주의를 내면으로 돌려라. 머리끝부터 발가락까지 체크하라. 그리고 여러분이 지금 현재 경험하고 있는 문제를 관조하기 시작하라. 그 문제에 마치 모양과 크기가 있는 것처럼 마음에 그려보라. 그것으로 여러분의 시야를 채워라. 이제 그것으로부터 뒤로 물러나서 문제뿐만 아니라 그것을 감싸고 있는 공간을 보고 있다고 상상하라. 그 공간 자체를 주시하라. 잠시 동안 이 공간을 계속 관조하라. 끝나는 느낌이 들 때 몸을 다시 한 번 체크하라. 그리고 스스로에게 이렇게 물어보라. "어떻게 하면 내 삶 안에서 이 문제 주변에 여유 공간을 창조해낼 수 있을까?"

8. 수련전략

　　우리는 어린 시절의 욕구를 충족하지 못하면, 욕구대체물에 중독될 뿐 아니라 무엇을 원하고, 무엇을 느끼는지, 어디가 우리의 한계인지 아는 데 곤란을 겪는다. 앞에서는 진실고백과 현재 경험의 수용을 통해 잃었던 능력이 어떻게 회복되는지 살펴보았다. 자신의 경험에 관한 진실을 말할 때 우리는 참된 자아, 자신의 본질로 접근한다. 또한 거기 저장되어 있는 삶의 에너지의 무한한 원천을 발견한다. 이 에너지는 사용될 때 늘 최상으로 작용한다. 이 장은 무빙 사이클의 행위단계를 통하는 회복의 완성을 다루고 있다. '용불용설'*의 금언이 제시하는 진리와 같이 회복과 변화는 규칙적인 연습을 요구한다. 세상에 나아가 회복을 수련할 때 더욱더 많은 변화가 일어날 공간이 창조되면서 회복은 재확인되고 강화된다.

* 생물에는 환경에 대한 적응력이 있어, 자주 사용하는 기관은 발달하고 사용하지 않는 기관은 퇴화하여 없어지게 된다는 학설로 J.라마르크가 제창한 진화설이다.

자신의 경험을 받아들임으로써 우리가 부인하는 것을 세상으로 투사하기를 중지한다. 그러면 세상은 우리를 위해서 분명하고 참된 방식으로 존재한다. 아물지 않은 상흔 대신에 단지 평범한 아름다움이 그 자리에 남는다. 우리가 만나지 못한 욕구를 채우는 노력을 멈추고 단순히 있는 그대로 그것에 관여할 때 [삶 속에] 풍요롭고 즐거운 교환이 이루어진다. 내 친구 게이 헨드릭스는 그것을 명료하게 표현한다. 치유는 세상에서 소비적인 일보다는 생산적인 일에 더욱 많이 연결된다. 과정에 중독되든지 물질에 중독되든지 우리는 사회적 소비자가 된다. 실제 통계에서도 중독으로 인한 무노동 임금(lost wages), 범죄, 사고, 부상 때문에 정부는 매해 수십억 달러의 비용을 지불한다. 온갖 종류의 중독이 우리의 건강관리 시스템을 위협하면서 홍수처럼 밀려오고 있다. 현실감 있게 표현하자면 중독은 우리 자신은 물론 주위의 친구, 사랑하는 사람까지 삼켜버린다. 중독은 우리에게서 창조성을 빼앗아간다. 이 근본적인 문제의 해결도구가 없다면 세계는 실제로 우리 모두에게 더욱 살기 어려운 곳이 될 것이다.

[중독으로부터의] 회복은 이러한 에너지의 고갈상태를 역전시키는 일이다. 세상에 우리의 에너지를 기여하는 것은 유쾌하고 좋은 일이며, 또한 실제로 회복에 바탕이 되는 행위이다. 세상에서 치유행위와 삶을 확인하는 행위를 보여줄 때 우리는 아름다움과 에너지도 함께 회복하고 있는 것이다. 이를 위해 마더 테레사처럼 되거나 평화봉사단에 가입할 필요까지는 없다. 좋은 일도 하다보면 종종 그 자체가 중독이 되는 수가 있다. 그러나 세상에 에너지를 기여하는 일은 회복된 자신의 일부를 세상에 보여주면서 그것을 희사하는 것이다. 필요한 근육을 단련시켜 빛 속으로 가져오는 일이다.

회복의 결과는 무엇이든지 항상 쓸모 있다는 사실은 흥미롭다. 그것은 유머감각이나 재치 있는 위트일지도 모르고 신체적 정력이나 온유함일 수도 있다. 또는 [불평 없이] 고지서대금을 납부하거나 일자리를 잡는 일 또는 좋은 부모가 되는 단순한 것들일지도 모른다. 이렇게 회복된 자질을 세상에 나타내는 것은 자신을 위해서나 주변 환경을 위해서 필수적이다. 그런 것들 때문에 세상은 고지서 대금이 지불되고 농담이 오가며 웃음이 넘치는 장소로 창조된다. 우리의 행위를 통해서 세상은 창조되는 것이다.

우리가 중독으로 잃는 것—그러므로 회복되어야 하는 것—은 [소중한] 개인이다. 내가 중독적인 당분 섭취를 중지했을 때 밖으로 나가 다른 사람들에게 더 많은 관심을 보이게 되었다. 자신에게 관계를 위한 여분의 에너지가 남아 있음을 깨닫고 중독에 관한 강의를 시작했다. 담배를 끊은 내 친구 중 하나는 환상적인 현대무용의 안무를 시작했다. 생명을 위협하는 중독의 험한 길을 걸을 때라면 한동안 단지 살아 있는 것 자체가 회복에 대한 신호탄이 된다. 이것은 간단한 선물 같지만 사실 엄청나게 가치 있는 것이다. 어떤 지점에서 회복이 멈출 것을 가정하지 않고 그 회복의 도상에서 계속 행동할 때, 우리는 단지 생명을 회복할 뿐 아니라 살아 있음 안의 기쁨과 생명의 근원적 목적까지 회복한다. 여러분의 근원적 목적은 무엇인가? 그 목적이 고양되어 있을수록 세상은 더욱 눈부시게 변화한다.

몸은 행위를 위한 모형이고 원형이다. 몸의 전체 연결망은 입력된 것을 받아들이고 그 입력을 바탕으로 행위를 생산하는 신경망 위에 건설된다. 몸은 맥동하는 심장의 수축과 이완 속에, 폐에서 물결치는 호흡 안에 이 과정을 끊임없이 되풀이한다. 숨을 들이킬 때 공기로 존재하는 세상을 흡수하여 그 일부를 사용하고 우리 자신의 일부를 포함하는 그 잉여분을 밖으로 내보낸다. 날숨에 포함된 탄산가스는 온 세상의 녹색식물을 살게 하고 그 녹색식물이 방출하는 산소는 우리에게 공급된다. 이 행위는 기본적인 생명의 균형을 위한 교환이고 회복 과정에서 다시 만들어지는 삶의 메타포이다. 우리는 몸과 함께 시작하고 몸은 우리에게 그 방법의 단서를 제공한다.

날 때부터 심지어 그 전부터 우리는 단지 몸으로 존재함으로써 축복과 절정의 즐거움을 느낄 내재적인 능력을 보유하고 있다. 우리 대부분은 철저하게 이러한 능력을 사용하지 못하도록 훈련된다. 쾌락을 억누르는 가정이나 종교는 그 대체물로서 중독을 창조한다. 중독에서 벗어나기 위해 우리는 어떠한 것을 절제해야 할 뿐 아니라 기쁨을 느끼는 우리의 자연적 능력을 회복해야 한다. 이것은 삶의 동기 유인이자 행위의 기반이 된다. 세상을 회복시키기 위해 우리는 움직여야 한다. 적나라하게 표현하자면 엉덩이를 들어 올려 춤을 추어야 한다.

무빙 사이클의 행위단계에서 겪는 주요 문제는 우리가 신나는 기분에 익숙하지 못하다는 점이다. 중독과 전투를 벌여왔다면 수치심, 자기혐오, 무력감 등과의 투쟁에 익숙해져 있을 것이다. 두뇌, 정신, 몸은 이런 것들을 평범한 사건으로 인지하도록 프로그램되어 있다. 무엇인가에 익숙하면 우리는 그것을 반복한다. 우주의 다른 물체와 마찬가지로 우리도 타성의 법칙 안에 놓여 있다. 어떤 일을 자동적으로 하는 것이 의식적인 행위를 요구하는 일을 하는 것보다 훨씬 쉽다. 그래서 새로운 행위가 수치심보다는 신념을, 자기 비하보다는 자기 사랑을 수반하더라도 자동화된 낡은 습관을 찾는다. 습관은 하나의 습관일 뿐이다. 그것은 과거의 어떤 시점에 작용했던 것이고 아주 성공적이어서 신경계가 그것을 반복하도록 학습했기 때문이다. 그래서 [습관 때문에 자살이나 자해 같은] 자기 파괴적인 행동이 안 좋은 상황에서 최선의 선택이 되기도 한다.

어떻게 우리는 신경계가 새로운 선택을 받아들이도록 다시 프로그래밍할 수 있을까? 어떻게 높은 수준의 생명력, 재미, 고결함을 실천할 수 있을까? 그 대답은 새로운 행위를 실천함으로써 신경계에 그 자체의 망이 재편성되도록 입력(input)하는 것이다. 우리는 단순히 앉아서 회복으로 통하는 길을 시각화할 수는 없다(그것이 좋은 리허설 방법일지는 모르지만). 또한 방에 앉아 글이나 쓴다고 회복되는 것도 아니다. 모임에 가서 귀동냥을 한다고 회복될 수 있는 것도 아니다. 행동해야 한다. 낡은 습관적 행태가 신체적으로 바뀌는 것은 오로지 행위에 의해서이기 때문이다. 우리는 환경과의 상호 작용을 통해 개인으로서, 인간이라는 하나의 종으로서 자신을 형성해나간다. 이것은 무시할 수 없는 진화의 원칙이다. 치유와 변화는 세상에서 자유롭게 풀려날 때만 의미를 갖는다.

다른 사람을 관찰하는 행위는 특별한 주의력을 동반한다. 그것은 사람을 있는 그대로 분명하고 참되게 보는 것이다. 앞에 언급한 것처럼 인간은 아무런 판단이나 억압 없이 보이고 싶고 관찰되고 흡수되고 싶은 태생적 욕구를 갖고 있다. 나의 오랜 치료경험에 의하면 우리 대부분은 다른 사람들을 깊이, 그리고 분명하게 보는 방법을 배우기 위해 보충학습이 필요하다는 결론에 이르렀다. 또한 자신이 목격한 것을 사람들에게 친절하고 영양가 있는 방식으로 전하는 학습도 도움을 필요로 한다. 숨을 들이쉬고 내쉬는 것과 같이 우리 모두는 다른 사람으로부터 주의력과 피드백을 주고받는다. 명확하면서도 사랑스럽게 사람들이 반추해볼 수 있도록 하는 능력은 위대한 '생산자'의 행태, 즉 우리 주변의 모두에게 이익을 줄 수 있는 능력이다. 다른 사람에게 피드백을 주는 방법을 배울 때 우리는 사람들을 살려내고 피어나게 하는 사랑의 표현 형태를 배우는 것이다.

피드백을 주는 기술은 거의 훈련되지 않고 있다. 우리 대부분은 단지 비판이나 칭찬하는 방법(비평가가 선호하는 두 가지 모드)만 알고 있을 뿐이다. 우리는 다른 사람이 하고 있는 행동을 인정하지 않고 그것이 그들의 문제이며 우리 것이 아님을 알려준다. 우리가 불편을 느끼며 두렵고 도움이 필요하면 다른 사람을 보고 우리 기분이 좋아지도록 변화하라고 요구한다. 맨 마지막 선의 대화는 아마도 다음과 같을 것이다. "당신이 달라진다면 나는 자신에게 익숙한 방법을 쓸 수 있고 더욱 편안한 상태에 있게 될 거야." 다시 말하면 자신을 중독 속에 불행한 상태로 묶어두는 상태를 유지할 수 있다는 것이다.

비판이나 피드백을 주는 스타일은 어렸을 적에 그것을 받았던 방식에서 직접적으로 유래한다. 우리는 어렸을 때 종종 자신이 되기보다는 부모가 기대하는 사람이 되어야 한다고 들었다. 문제가 심한 가정일수록 '있는 그대로의' 자신과 '기대되는' 자신 사이의 차이는 더욱 크다. 우리가 사람들로부터 기대되는 유망주라면 보통 1) 가족전통에 도전하지 않는 사람이거나 2) 돌봐주는 사람의 욕구를 충족시켜주는 사람이다. 이 기준 모두가 비판이나 특별한 칭찬에 의해 언어적으로 또는 비언어적으로 전달될 수 있다.

자라나면서 우리는 이 과정을 내면화하고 그것을 우리 자녀에게, 배우자에게, 친구들에게 넘겨준다. 탈출구는 모든 중독의 회복 과정과 같은 선상에 놓여 있다. 이것 역시 진정 충족되지 못한 욕구에 대한 불만족스러운 대체 행위에 관한 것들이기 때문이다. 회복선상에 있는 동안 비판적 습관은 피드백을 주는 습관으로 바뀔 수 있다. 먼저 비판과 피드백이 어떤 차이가 있는지 살펴보자. 여기 그 차이를 알려주는 사전적 정보를

피드백	비판
기술적임	해석적임
가치중립적임	판단적임
어젠다가 없음	어젠다가 있음
다양한 옵션이 공급됨	옵션을 줄임
성장을 뒷받침	통제를 확인

나열해본다.

기술(description)은 놀라운 작업이다. 우리가 사용할 수 있는 정보를 제공하기 때문이다. 피드백은 경험을 기술한다. '아버지에 대해 말할 때마다 눈을 찡그린다'는 말을 듣는 것이 '아버지에 관해 정리되지 않은 것이 남아 있다'는 말을 듣는 것보다 유용하다. 기술은 내가 일할 때 참고할 점들을 제공하고 내가 조사할 의문점들을 보여준다. 누군가가 무엇인가를 하고 있는 것을 기술하는 능력은 우리가 그를 관찰하고 있음을 보여준다. 다른 사람에게 보이는 느낌은 인간의 원초적 욕구 중의 하나이다. 어떤 이가 무엇을 하고 있는지에 대한 참된 묘사는 사람들에게 그 자신이 무엇을 하는지 비추어 볼 수 있는 거울을 주는 것과 같다.

우리 대부분은 기술과 해석을 구분하는 데 어려움을 겪는다. 기술은 검증이 필요 없는 사실이고 논란의 여지를 남기지 않는다. 다음과 같은 상황은 설명이 필요 없다. "나는 배가 쑤신다." "고르바초프는 이마에 점이 있다." "내가 어젯밤 어디 있었는지 물을 때의 당신 목소리는 격앙되었고 이를 악물고 있었어."

해석은 어떤 것에 대한 설명이다. 그것은 관찰자가 본 것에 대한 관찰 소견이다. 그것은 이미 관찰자 자신의 예측과 과거사에 연결되어 있다. 관찰자의 세계관을 다른 이의 경험에 부과한다. "당신은 사랑을 두려워하고 있어." "당신은 너무 피곤해서 이것에 대해 지금 말할 수 없을 거야." 해석이 때론 정확할지 모르지만 해석된 것은 관찰자의 기분, 의도, 감정상태, 신념체계 등에 의해 영향받은 것이다. 그것은 나보다 다른 이가 나를 더 잘 알거라는 공동 의존적 가정을 강화한다.

많은 종류의 요법에서 해석적인 방법이 사용된다. 그 기능은 환자의 행태를 해석하고 무의식적 동기 유인을 환자의 행위 탓으로 돌린다. 요법사들은 숨겨진 메시지를 설명하기 위해 꿈을 해석하기도 한다. 많은 요법들이 훌륭하고 직관적일지라도 해석은 그 본질에서 중독자에 대해 독으로 작용할 수 있기 때문에 중독을 해결하는 데는 많이 부족하다. 나 역시 중독 과정에서 회복되고 있을 때, 해석적이고 비판적인 성향에서 벗어나 있는 그대로를 기술하는 능력을 회복하는 길로 들어서기까지 얼마나 애를 써야 했는지 모른다. 기술은 중독자들이 절박하게 요구하는 경계를 구축하는 행위이다. 이 경계는 경험을 있는 그대로 기술할 때 형성된다.

피드백의 두 번째 특징은 가치중립적이라는 것이다. 다른 말로 기술되고 있는 것에 대해 판단을 부과하지 않는다는 의미이다. 이것은 대부분의 사람들에게 낯선 개념이다. 언젠가 식욕부진 증세를 갖고 있는 내담자가 있었는데 그녀는 자신의 체중에 대해 너무나 비판적이었다. 비판마저 없으면 풍선같이 터져버릴 것 같다고 했다. 뚱뚱해지는 자신을 경계하는 '악마'를 지탱하고 있는 것은 바로 이 비판적인 태도였다.

부모들은 대개 자녀들에게 옳고 그름의 감각을 주입시켜야 한다고 생각한다. 그렇지 않으면 그들이 부도덕한 사회적 문제아로 자라날 것이라고 생각한다. 그 결과 보통 어떻게 해야 제대로 되는지 혹은 안 되는지에 대한 자녀의 판단감각을 발전시키는 것을 돕기보다는 자녀의 행동을 통제해서 말 잘 듣는 강아지로 만들어버린다. 우리는 마치 옳고 그름이 현실 밖에 임의로 존재하는 법인 것처럼 아니면 아이들은 스스로의 경험을 통해서는 아무것도 배울 수 없는 것처럼 자녀의 본성이 옳거나 그르다고 판단해버린다.

중독자들은 기본적으로 스스로를 옳지 않다고 생각한다. 그래서 담배를 피우고 술을 마시며 또는 다른 자기 파괴적인 행동을 당연시 여긴다. 빈약한 자아 개념을 마비시키고 싶기 때문이다. 자신이 잘못되었다는 판단에 익숙해져서 몸을 무감각 속에 팽개쳐 두면 무엇이 괜찮은지 그렇지 않은지에 대한 피드백을 얻을 수 없다. 몸이 [태도의] 준거 틀로서 역할을 하지 못할 때 무엇이 옳은지, 어떻게 해야 할지의 감을 밖에서 찾는다. 이때 우리는 일정한 규칙과 경계를 가지고 자신을 받쳐주는 물질이나 사람, 행위를 지향할 수밖에 없다. 그런데 그 규칙과 경계가 자신의 밖에 있기 때문에 우리는 이 외부에서 부과된 규율에 반발하고 저항하면서 엉망이 되고 만다. 그리고 악순환은 계속된다. 그러나 우리가 몸을 회복하게 되면 외부에 의존하는 성향을 중지할 수 있고 있는 그대로를 느끼는 가치중립적 능력을 개발하게 된다.

타인이 하는 일에 가치를 부여하는 것은 그 사람의 목발이 되는 좋은 방법이다. 그러나 그렇게 될 때 거기에 연결된 자신의 옳고 그름의 감각을 가지고 그 사람을 지키기 위해 모든 시간과 에너지를 낭비한다. 그리고 그 사람이 넘어질 때는 기분이 나빠진다. 어디서 많이 들어본 소리 같지 않은가? 우리는 자신의 느낌에 대해 옳고 그른지 판단해서 누군가가 그 때문에 비난을 받고 책임을 져야 한다고 생각하도록 프로그래밍되어 있기 때문에 타인을 비판한다. 우리 자신은 희생양일 뿐임을 재확인하고 거기에 익숙해진다. 또한 우리는 타인을 통제하기 위해, 그 사람 자신과 우리에 대한 타인의 견해를 통제하기 위해 타인을 칭찬하기도 한다. 그러나 칭찬도 외부의 기준점에 의존한다면 비난만큼이나 파괴적일 수 있다.

"당신은 형편없는 사람이야. 내게 그렇게 말하다니"라는 표현을 "당신이 그렇게 말하면 나는 두렵고 가슴이 위축되는 느낌이 들어"라는 표현으로 바꿀 때 어떤 변화가 있을까? [판단하지 않고] 기술함으로써 진실의 자리가 회복된다. 우리는 자신의 몸으로 돌아간다. 피드백은 직접경험을 기술하는 일이다. 그것은 사람들로 하여금 그들이 세상에 어떤 영향을 미치고 있는지 그리고 판단이 없는 '있는 그대로'의 진실을 스스로에게 알려준다. 사람들은 자신이 나쁘다는 이야기를 듣기 힘들어한다. 비난을 받으면 보통 근원적 상처가 다시 건드려져서 [비난받는] 사람들은 살아남기 위한 메커니즘 안에서 스스로를 방어하기에 급급해진다. 상대방이 무의식적으로 상처를 주었을 때 우리는 화가 나서 상대의 기분을 상하게 만들 것이다. 단지 그럴 때만 스스로가 든든하게 느껴진다. 이때 든든함이란 안전함과 통한다.

여기서 피드백의 또 다른 특성을 이해할 필요가 있다. 그것은 [시비를 걸] 어젠다가 없다는 것이다. 우리는 자주 다음과 같은 표현을 쓴다. "그가 자신이 행동하는 꼬락서니를 직접 보면 얼마나 좋을까!" 또 이런 표현도 있다. "그녀는 자신의 행동이 얼마나 한심한지 알 필요가 있어." 이런 표현은 문제의 사람이 엉망일 때 쓰게 된다. 그러나 상대에게 우리 자신의 어젠다[가령, 행동강령 따위]로부터 상대의 행위를 설명할 필요가 있다면 자신의 종료되지 않은 문제를 가지고 그 사람의 성장 기회를 다시 오염시킬지도 모른다. 여기에 그런 공통적 [중독성] 어젠다가 있다. 통제하기, 상처 주기, 흥분 삭히기 등이 그것이다.

통제의 어젠다는 우리 모두에게 친숙한 것이다. 그것은 [경계가] 자연스럽게 생겨나지 못한 곳에 세워진 일종의 방어적 경계이기 때문에 중독의 본질적 특성이 된다. 우리는 이 통제에 의해 만들어진 경계 안에서 안전을 느낀다. 그리고 다른 사람에게도 스스로를 통제할 기회를 주게 되면 모든 경계가 안전할 것이다. 이에 통제의 어젠다 안에서 다음과 같은 가짜 피드백을 주기도 한다. "당신이 그렇게 소리 지를 때 얼마나 무서운지를 깨닫기만 한다면……" 또는 "당신이 술을 끊는다면 당신 주위의 모든 사람이 행복해질 텐데. 당신도 기분이 좋아질 거야." 이러한 표현들은 어떤 사람이 엉망이 될 때의 반응이지만 치유의 기회를 제공하기보다는 행동을 통제하기 위해서 디자인된다. 그 핵심은 고통스러운 진실은 피하면서 타인을 통제하려는 것이다. 우리 자신 안에 있는 불편한 느낌— 무력감, 공포, 분노 등—을 피하고 있는 것이다.

또한 자신의 특정 경험의 원인을 타인에게 돌림으로써 타인을 통제하기도 한다. "그 사람 때문에 너무 화나!" 또는 "그가 내 상처를 건드렸어!" 와 같이 자신이 나빠진 것에 대한 책임을 다른 사람에게 전가하며 통제하려 드는 것이다. 사람들이 우리에게 에너지를 보내지만 경험을 창조하는 것은 그 에너지를 자신 안에서 움직이는 과정이다. 그리고 그 내적 과정은 자신의 어릴 적 과거와 연결된다. 어렸을 때는 가족이 제공하는 안전과 사랑의 컨테이너에 의존하고 그 안에서 자라난다. 그 컨테이너가 그다지 안전하지 않다면 자신은 아직 안전하지 않다는 가정하에 다른 사람들에게 여전히 자신의 안전에 대한 책임을 전가하면서 독립하는 나이에 이를 것이다. 다른 사람들이 자신의 경험을 결정한다. 그들이 우리의 느낌에 책임이 있다고 가정한다. 이때 힘을 느끼는 유일한 방법은 그들의 행위를 통제하는 것이다.

[체벌 사례와 같이] 많은 경우 우리는 타인에게 상처를 주어야만 변화가

생긴다는 믿음과 함께 자라났다. 제한된 의미에서 볼 때 그것은 사실이다. 강력한 수비수에 부딪치면 [상처가 생기고] 변화가 일어난다. 그것은 변화할 수밖에 없도록 상처를 주는 것이고, 그래서 우리는 그 [통제의] 어젠다를 스스로 채택한다. 그렇지 않으면 그런 행동은 자신에게 상처를 주었다고 생각되는 사람에 대한 반격의 충동에서 나온다. 폭력적 가족 간에는 누군가에게 상처를 되돌려주는 것이 자신이 상처받지 않는 유일한 방법이다. 언젠가 이혼한 상태에 있는 내담자를 치료한 적이 있다. 그녀는 전 남편에게 전화를 걸어 그의 잘못을 면도날같이 지적하곤 했던 점을 이야기했다. 그녀는 전 남편이 잘못을 인정하지 않고 자기 방식을 고집하면 격노하곤 했다고 말했다. 그녀는 이런 이야기를 할 때 자신의 턱에서 일어나는 긴장감을 느꼈다. 그리고 이런 말로써 전 남편에게 상처를 주기 원했음을 깨달았다. 이렇게 이를 악물고 있는 동안에 그녀는 어릴 적 아버지가 자신의 잘못을 낱낱이 지적하면서 자신을 때렸던 일을 기억해낸 것이다.

피드백에서 공통으로 나타나는 또 하나의 어젠다는 흥분을 가라앉히는 것이다. 상대의 행동은 우리 안에 많은 에너지를 일으킨다. 그 내면의 에너지를 참아내거나 즐기는 데 별다른 경험이 없다면 그것을 상대에게 투사하는 방식으로 가라앉히려고 할 것이다("지금 너무 흥분하면 안 돼!"). 그렇지 않으면 자신의 두려움이 감소하도록 상대의 행위에 제동을 걸 것이다. 예컨대 친구에게 은연중 농담하는 것 아니냐고 이야기하는 순간, 그에게 끌리고 있는 자신을 무시할 수 있다. 상대에게 끌리는 것을 [자신에 대한] 위협으로 경험한 것이다. 우리가 친구보고 이제 좀 자라나야 하지 않겠냐고 이야기하면 그동안 그녀를 자식같이 챙겨주던 느낌을 피할 수 있다. 어떤 경우든지 우리는 흥분을 삭힘으로써 상대에게서 받는 영향

수련전략

과 그것에 대해 책임져야 하는 불편함을 피할 수 있다.

이러한 어젠다들은 피드백에 치명적이다. 움츠리고 고통스러운 내면적 동기로부터 [상대를 생각해주는 차원에서] 돌보고자 하는 표면적 동기를 갈라놓기 때문이다. 진정한 피드백은 결과에 집착하는 것이 아니다. 다른 사람에게 결과를 기대하는 것은 공동 의존성을 야기할 뿐만 아니라 순수한 우리 자신의 능력과 다른 사람들의 능력을 거부하는 것이다.

피드백은 거기에 남아 있는 우리 자신의 정리되지 않은 상처가 깨끗할 때 회로가 하나 단순히 완성되는 것과 같다. 하나의 경험이 있으면 그에 대한 표현이 있을 뿐이다. 우리를 통해 안으로 들어온 것은 우리에게서 나올 것이다. 우리 몸은 끊임없이 다른 방식으로 [피드백] 회로에 관여하기 때문에 이 현상을 이해하고 있다. 모든 경험은 완성되어야 한다. 그렇지 않으면 그것은 끊임없이 완성을 요구할 것이다. 진실을 말하는 것은 우리 내면의 서키트를 종료하는 가장 강력한 수단이다. 피드백을 주는 것은 다른 사람과의 관계의 회로를 완성하는 최선의 방법 중 하나이다. 이것이 바로 우리 마음이 끊임없이 갈망하는 정보라는 선물일지도 모른다.

피드백은 하나의 관계에 더 많은 선택의 기회를 제공한다. 내가 만약 파트너의 행위를 있는 그대로 기술할 수 있으면 그녀는 방어할 필요 없이 자신의 행동을 연구할 기회를 갖는다. 어젠다가 수반되는 [외부]판단의 평가에 자신을 방어하기 급급하다면 자신의 행동을 조사하는 데 불안할 수밖에 없다. 진정한 피드백은 증명이 필요 없는 참 정보만 제공한다. 진실과 함께 우리는 우리 자신의 내적 존재와는 물론이고 우리를 관찰하고 있는 사람과 더 많은 접촉을 선택할 수 있다. 우리는 거리낌 없이 행위의 변화를 선택하고 도움도 청하고 [여의치 않으면] 다음에 그 정보로 되돌아올 수 있다. 최상의 흥미와 함께 자유로운 마음으로 이 정보를 사용하는 것이다.

비판을 받으면 선택의 기회가 줄어든다. 기본적으로 우리는 단지 싸우거나, 도망가거나 아니면 얼어붙는다. 공격적이 됨으로써 직접 싸우거나, 움츠리거나 피동적이 됨으로써 간접적으로 싸울 수 있다. 자리를 떠나거나 스스로 또는 다른 사람을 후퇴시킴으로써 [상황을] 모면할 수 있다. 또한 단순히 관계를 벗어나 있음으로써 얼어붙을 수 있다. 꼬리표 움직임이 몸에서 전투, 도주, 또는 결빙을 조절할 만큼 강력하지 않으면 우리는 중독성 행태나 물질을 향할 것이다.

피드백의 마지막 특징은 성장을 뒷받침한다는 것이다. 진정한 피드백은 우리가 자율적이 되도록 하고 적합한 정보와 자양분을 준다. 그것은 우리가 무엇을 하고 있는지 다른 이에게 무슨 일이 일어나고 있는지에 대한 기술이기 때문에 성장과 완성을 향한 우리 자신의 일부를 나타내준다. 만약 내가 전 남편에 관해 이야기할 때 숨을 멈추는 것이 친구에 의해 매번 관찰되었다면 나는 그 패턴을 고치려고 노력할 것이다. 내가 숨을 깊이 쉬면서 전 남편에 관해 이야기할 때는 어떤 일이 벌어질까? 내가 새 옵션으로 선택한 경험의 경우 그것이 무엇이든 간에 삶에 활력이 되었다.

비판은 단지 통제를 강화한다. 그것은 죄의식을 다시 심어주고, 자신은 다른 사람에게서 끊임없이 비판받아야만 바르게 되는 무능한 사람임을 경험케 한다. 그것은 우리의 경계가 바깥쪽에 있고 그것이 없으면 넘어질 것이라는 느낌을 강화한다. [외부의] 비판은 자신의 경험적 성찰에 의해서 형성된 내적인 한계가 확장하고 발달하는 것을 막는다.

그렇다면 우리는 어떻게 피드백과 비판을 구분하고 항상 피드백을 선택할 것인가? 다음은 그 길로 가는 안내판이다.

피드백을 주기 위한 가이드라인

피드백은 요청할 때만 주라. 받아들이기 위해 열려 있을 때만 피드백을 주는 것이 중요하다. 받아들이는 사람만 그때를 안다. 또한 새로운 정보를 받아들이기에 충분히 보장되는 안전 상황인지에 대한 결정도 받아들이는 사람의 선택이다. 여러분은 상대에게 일어난 일에 대해 피드백을 주는 것이 좋은지 물어볼 수 있다. 또한 상대에게 피드백받기 좋은 때를 알도록 도와줄 수 있다. 이런 제한점들은 안전한 성장환경을 유지하기 위해 존중될 필요가 있다. 나는 절친한 친구에게 피드백을 주고 싶을 때는 그렇게 하도록 해놓고 있다. 피드백에 관한 이러한 종류의 협정은 매우 특별한 관계에서 나타난다.

여러분이 기술적으로 머물 수 없다면 피드백을 주지 말라. 어떤 상황에 흥분하게 된다면 먼저 자신을 다스려라. [내가 약간 흥분한 것 같다고] 진실되게 이야기하라. 느낌을 가져라. 여러분 자신의 회로를 분명히 완성했을 때만 다른 사람에게 피드백을 줄 자격이 있다. 나는 때때로 다음과 같이 말하면서 그런 종류의 상황을 성공적으로 넘어간다. "지금 너무 흥분해서 아직 당신에게 피드백을 줄 수는 없지만, 당신이 이야기할 때 이마가 찌푸려졌고 내 기억에 비슷한 일이 벌어지면 당신 이마가 찌푸려졌다는 것은 이야기할 수 있어." 여러분이 단지 정확하고 완전하게 묘사할 수 있는 것만 말하라. 여러분이 기술하는 것은 오감을 가지고 여러분이 경험한 것들과 같은 감각으로 여러분 자신의 존재 내에 스스로 경험한 느낌들이다.

패턴을 찾아라. 피드백은 사람들에게 생명력을 위축시키는지 고양시키는지에 대한 정보를 제공할 때 유용하다. 우리는 새로운 상황에 대해 같은 패턴의 반응을 함으로써 자신의 생명력을 억압한다. 꼬리표 움직임은 일종의 패턴이다. 가령 매번 감정적으로 위축되는 사람과 사랑에 빠지거나 아이들을 재우고 항상 술을 마시는 습관같이, 비슷한 상황에 대해 같은 반응을 반복적으로 보이는 것도 일종의 패턴이다. 행동이란 내가 정치에 관해 이야기할 때 숨이 얕아지는 경향이 있는 것처럼 매우 미묘하다. 패턴이 언제 어디서 일어나는지를 알려주는 것은 회복에 필수적이고 엄청나게 강력한 힘을 발휘한다.

몸에서 앵커지점을 발견하라. 우리 몸은 가장 잘 관찰되는 자아의 일부이기에 종종 [무언가를] 착수하기 가장 쉬운 지점이다. 몸이 어떻게 행태를 표시하고 있는지를 발견하면 받아들이는 사람에게 조사를 위한 매우 명백한 선택의 기회를 선사하게 된다. 몸은 생명력을 억압하는 잠재적 위축으로부터 깨어나는 데 사용될 수 있다. 사람들이 어떤 주제를 이야기할 때나 그들의 느낌을 묘사할 때 몸이 어떻게 하는지를 이야기하라. 그것은 사람들이 성장하는 데 필요한 참고가 됨은 물론 관찰되는 직접경험을 제공한다.

아름다움을 확신시켜라. 피드백은 목격의 고리를 완성하는 것이다. 피드백은 스스로의 한계를 만들도록 조력하지만 그것은 또한 스스로가 확장하고 피어나는 데 도움을 준다. 우리가 자신의 내적 아름다움과 고결함이 확인되는 이야기를 듣게 되면 꽃이 피어날 무대가 마련된다. 긍정적인 확신을 주는 종류의 피드백 역시 기술적이다. 딴 목적을 가진 거짓 칭찬이 신뢰받지 못하는 것은 당연하다. 아름다움에 관한 기술적 피드백을 주도록 연습하라. 이것은 때때로 '감사의 태도'라고 불린다. 여기에 벽을 느끼던 나로서는 아름다운 풍경이나 석양과 함께 연습을 시작한 후에 [나 자신 안에서도] 인간의 아름다움과 고결함을 느끼는 데 충분히 접근할 수 있었다. 아름다움을 확인하는 훈련은 가끔씩 아주 흥분되고 강력해서, 우리로 하여금 위험을 무릅쓰고서라도 축복과 이에 수반되는 절정체험에 이르도록 한다.

피드백은 우리가 서로에게 줄 수 있는 최상의 선물 중의 하나이다. 그것은 안에 조건 없는 목격의 힘을 유지한다. 그것은 우리가 상대를 보고 그와 함께하며 그가 무엇을 하고 있는지 그에게 돌이켜보게 할 만큼 상대를 가치 있게 여긴다는 증거이다. 그것은 접촉과 친밀의 가능성을 유지하고 증대시킨다. 중독 과정의 대들보를 부숴버린다.

행위단계에서는 재생산을 위한 우리의 생물학적 요구가 충족된다. 그 재생산은 적응과 변화이고 전체 종에게 그 혜택을 준다. 그것은 우리가 무엇이 될 것인가에 대한 훈련이다. 뇌를 연구한 과학자들은 뇌가 얼마나 항상성을 바탕으로 작용하는지 그리고 [새로운 존재로 향하는] 생물학적 힘을 주는 불변의 상수들(constants)이 층을 이루고 있는지 강조한다. 이것은 물론 몸 전체를 통해 볼 때도 진실이다. 무빙 사이클의 이전 단계들은 우리의 낡은 제한적 습관들의 타성을 제거하는 데 관련되어 있다. 행위단계는 우리의 두뇌, 근육, 기관들이 새로운 고정판을 가질 수 있도록 변화된 것을 수련하는 단계이다.

"나는 지금 무엇을 실천하고 있는가?" 이것은 내가 스스로에게 던지는 가장 도전적인 질문이다. 스스로를 위치시킬 수 있는 것은 바로 이 질문을 통해서이다. 내가 일이 끝난 후 집으로 돌아와서 네 시간 동안 TV를 본다면 바로 그것이 나 자신이다. 일하는 사람이자 식물인간일 뿐이다. 내가 싱싱한 야채를 먹는다면 나는 싱싱하다. 살찌는 음식을 먹으면 살이 찐다. 우리는 우리가 먹는 것 그 자체이지만, 좀 더 근본적으로 보면 우리가 지금 행하는 바로 그 무엇이다. 우리가 인생의 어느 부분에 대해 불만족스럽게 느끼고 있다면 무빙 사이클로 자신을 옮기기 위해 지금 행하고 있는 것에 대해 면밀히 조사해야만 한다. 새로운 길 위에서만 자신을 재위치시킬 수 있기 때문이다. 간혹 차량의 범퍼에는 "우리에게 값싼 친절과 의미 없는 사랑의 행위라도 실천하라"라고 쓰인 스티커가 붙어 있기도 한다. 선교사들은 우리보고 가르치는 바를 실천하라고 촉구한다. 어느 경우든지 실천은 행위를 강화하고 증명하기 때문이다.

나는 지금 무엇을 실천하고 있는가? 정좌명상은 종종 하나의 수련이라고 불린다. 그것은 공간, 생각 사이의 공간, 문제 사이의 공간을 발견하는 수련이다. 명상은 우리를 공간 내에 위치시킨다. 요가, 태극권, 서예, 궁도, 꽃꽂이, 다도와 같은 관상 훈련은 모두 우리를 깨어나게 하고 현재 중심성을 고양시키기 위해 디자인된 수련방법들이다.

나는 지금 무엇을 실천하고 있는가? 자기혐오를 온종일 반복한다면 혐오스러운 사람이 될 수밖에 없다. 자기혐오란 우리가 행한 어떤 끔찍한 일에서부터 일어나는 것이 아니라 자기를 혐오하는 연습으로부터 일어난다. 내가 어떤 것을 너무나 오랫동안 연습해온 까닭에 멈출지 모를 때 어떻게 하면 그것을 중지할 수 있을까? 무빙 사이클은 이렇게 파괴적이고 삶을 제한하는 연습을 중지시킬 컨테이너, 돌파구를 공급한다. 그리고 무빙 사이클의 행위단계는 우리를 더욱 아름다운 풍경으로 인도하여 확신에 차고 기쁨을 주는 행위를 만들어내기 시작하도록 돕는다. 행위단계는 또한 무빙 사이클의 여정에서 우리를 앞으로 나아가게 준비시킨다. 그것을 통해 우리는 더 깊고 생명을 확장하는 삶의 나선상에 서게 된다.

마음은 씨가 가득 찬 창고와 같다. 씨는 가능한 모든 인간의 느낌, 의견, 믿음 같은 것들이다. 우리는 사랑과 돌봄은 물론 미움의 씨앗도 가지고 있다. 그렇다면 생각이라는 이슈를 놓고 볼 때 "어떤 씨앗에 물을 줄 것인가?"라는 질문을 하게 된다. 앞에서 언급한 것처럼 우리가 돌본 것들은 자라날 것이다. 히틀러의 경우 [자신의] 쓰디쓴 고통과 미움의 씨앗에 [외부 원인인] 학대 부모, 불우한 어린 시절, 그리고 1차 세계대전 이후 독일의 사회적 스트레스가 물을 주었다. 성인이 되었을 때도 다른 씨앗에 물을 주기보다는 이것들에 계속 물을 주었다. 우리 모두는 히틀러와 같은 능력을 갖고 있다. 그러나 우리는 자신의 어린 시절 환경이 어떠했든 간에 다른 씨앗에 물을 줄 것을 선택했다.

나는 내담자나 학생들을 만날 때 그들이 어떤 씨앗에 물을 주는지 예의주시한다. 좋은 치료는 단지 부분적으로만 과거 상처를 다룬다. 그것은 또한 [과거의 경험과 집착을 벗어버리고] 지금 여기로 방향을 바꾸는 일에 관여한다. 과거와는 다른 씨에 물주기를 택하는 일에 관여하는 것이다. 이 개념은 그 학생에게 너무 복잡하기 때문에 이해하지 못하는가 아니면 그녀가 "나는 바보야"라는 씨앗에 물을 주고 있기 때문에 이해하지 못하는가? 분노나 기쁨의 씨앗을 소홀히 다루고 있는 내담자의 슬픔은 어디에서 연유하는가? 슬픈 일이 일어나서인가 아니면 슬픔의 씨앗에 물을 주기 때문인가? 어떤 종류의 정원이든지 우리가 사는 곳은 거기에 싹트고 자라는 씨앗의 종류에 달려 있다.

행위단계는 또한 우리의 생각과 신념을 마주하며 의식의 방향을 전환하는 일에 관여한다. 우리는 다른 사람이 오래전에 우리에게 심은 낡고 제한된 신념을 뽑아낼 수 있음을 본다. 심고 가꾸는 작업은 지금 일어나고 그 작업을 위해 행위는 존재한다. 내가 더 행복해지길 원한다면 자신의 불행에 관심을 가지고 지나야 할 뿐 아니라 스스로의 기쁨을 만들어나가야 한다. [이런 일은] 문자 그대로 과거에 무시하고 지나쳤던 작은 행복의 순간들에 자신을 붙잡아둠으로써 시작할 수 있다. 느낌을 지나치는 대신에 그 행복한 느낌을 무빙 사이클로 가져오는 것이다. 우리는 그 작은 행복들에서 깨어나 자신의 것으로 고백하고 그 조각조각을 사랑하는 것이다. 그리고는 행복을 세상에서 다시 생산해낸다. 예컨대 그것은 단지 내 옆에 있는 사람을 향해 내가 얼마나 행복한지에 관해 이야기하는 것, 또는 행복한 느낌을 아낌없이 표현하는 것이다. 삶에서 만나는 모든 것이 행복의 씨앗에 물을 줄 것이다. 그러니, 무엇이든지 행하라. 실천하라.

행위단계를 위한 수련

1. 가벼운 마음으로 산책하라. 산책 중에 여러분의 내적 경험과 외적 상황 사이를 오가는 진동을 연습하라. 그것은 마치 의식을 주고 빼면서 진동하는 호흡의 리듬과도 같다. 의식을 주고, 여러분 한쪽 면의 각성이 다른 쪽에 영향을 미치고 자양분을 주는지 주시하라.

2. 이번에는 여러분의 파트너를 마주하며 같은 연습을 계속하라. 의식을 여러분의 내적 경험과 파트너 사이를 오가게 하며 진동하라. 여러분이 자신과 파트너 중 누구에게 더 초점을 맞추는지를 주시하라. 여러분의 초점이 한쪽으로 치우쳐 있으면 호흡을 가이드로 사용하라. 내쉴 때 다른 사람을 의식하라.

3. 바로 지금 회복하고 있는 일의 리스트를 구체적으로 만들어라. 각 항목 다음에 여러분이 하고 싶은 것을 적어놓아라. 만약 유머감각을 회복하고 있다면 최소한 하루에 두 가지 농담을 하도록 결심하라. 수업 시간에

튀고 재미있는 행동을 해볼 수도 있다. 여러분이 성적 감각을 회복하고 있다면 성적인 친밀감을 주는 책을 읽을 수도 있을 것이다. 여러분의 행동지침의 리스트가 실용적이고 적용할 만하고 재미있는지 점검하라. 그리고 실행하라.

4. 자신이 어떤 점에서 회복하고 있다는 사실을 다른 이에게 이야기하라. 친구나 동료, 사랑하는 사람이 여러분의 의도가 무엇인지 신경 쓸 때, 회복되는 모습을 보여주면 그들이 여러분을 관찰하고 확신을 주기가 더욱 용이할 것이다.

5. 세상에서 일어나는 무언가에 관심을 가지고 있다고 확신하는 시간을 가져라. 아마도 그것은 열대우림의 가난한 아이들일 수도 있고 공영방송이나 유아교육일 수도 있다. 그런 것에 관심을 가지면 그 관심을 나타내는 어떤 것을 행함으로써 무언가에 연결된 느낌과 희망을 갖게 될 것이다. 아마도 그것을 위해 시간과 자금을 들이길 원할 것이다. 아마도 당선된 정부 관리에게 편지를 쓰게 될지도 모른다. 어떤 행위를 여러분이 선택하든지 간에 발생하는 행복과 만족감을 모니터하라. 세상일에 분노와 고통을 느낀다면 정확히 기술해봄으로써 여러분의 행위에 집착된 어떤 어젠다나 통제의 느낌이 있는지를 알아보라. 만약 있다면 그것과 작업하라. 여러분 자신에게 옳고, 자신의 회복을 표현하며, 세상의 회복에 공헌할 행위를 실천하라.

6. 신뢰를 점검하라. 어떤 계약이나 약속이 아무리 작은 것이라도 깬 적이 있는가? 여러분 자신과 영향을 받은 사람에게 그것에 관해 진실을

이야기하라. 여러분이 바로잡을 수 있는 것은 모두 실행하라.

7. "나는 무엇을 실천하는가?"라는 문장을 쓰고 그 밑에 하루 동안 여러분이 한 일, 습관된 것들의 리스트를 적어보아라. 각 리스트의 항목 아래 그것을 할 때 있는 그대로의 여러분을 기술하라. 이를 통해 내면의 캐릭터와 놀 기회가 생길 수 있다. 가령 정크 푸드를 먹을 때 나는 보통 행동을 서두르는 편이고, 피곤하며 불안하다. 그리고 누군가가 자신을 돌봐주기 바란다("날 위해 저녁에는 누군가가 무얼 만들어주지 않겠어?"). 그래서 그 순간에는 낮잠을 자지 않고 엄마에게 보채는 다섯 살짜리 어린이가 되는 것 같다. 나는 이런 [내면의] 캐릭터를 유지니아(Eugenia)라고 부른다. 제대로 먹을 시간이 없어 타코 벨에서 식사를 끝낼 때 매번 유지니아가 된다. 그러면 나의 과업은 유지니아를 무빙 사이클의 과정에 놓는 것이다. 여러분도 자신의 캐릭터를 위치시키고 무빙 사이클의 과정을 시작해보라. 이미 삶을 확장시키는 느낌을 주는 위치에 서게 된 것을 축하하라.

8. 어떤 수련이 여러분 최상의 목적에 확신을 주기 쉬운가? 시간을 내어 이것을 관찰하라. 나는 최근 이틀간의 긴 작업 말미에 태극권을 수련했다. 이것은 내게 평온함과 안정감을 주었고 집에 가면 쓰러져서 TV나 보고 다음날 깰 때까지 탈진감에서 벗어나지 못하는 것을 조용히 경계하도록 도왔다. 여러분도 이런 종류의 수련이나 가벼운 산보, 호사스러운 목욕 같은 [심기일전의] 활동을 원할 것이다.

9. 맺음말: 생명의 몸을 노래하라

자아를 축하하고 자아를 노래한다.
내가 생각하는 것을 당신도 생각할 것이다.
내게 있는 선이 당신에게도 있기 때문에.
− 월트 휘트먼(WALT WHITMAN), 「자아의 노래(Song of Myself)」

　심한 중독성 물질 남용 또는 심각한 게으름에서 우리 몸을 회복하는 것은 삶의 근본을 다시 찾는 과정이다. 직접경험의 과정에 머무는 데 전념하면 우리는 온통 뚜렷한 영광 안의 삶을 경험하는 쪽을 택하게 된다. 우리가 끊임없이 신체적 존재이기를 포기하면 몸은 [그 부작용의] 신호를 보일 것이다. 그 표시는 우리가 회복 여행을 떠나기 위한 [내부] 몸의 지형을 우리에게 알려주는 부표 같은 움직임, 자세, 또는 제스처이다. 내가 어느 회복 과정에서든지 몸의 중요성에 우선 신경을 쓰게 된 것은 이 움직임의 흔적을 따라가면서부터였다.

　회복은 생애에 걸친 과정이다. 물론 이는 전통적인 견해가 아니다. 융은 무의식이 무한하다고 언급한 적이 있다. 이 말은 우리가 [끊임없이] 새로운 물질, 자신에 대한 새로운 신비를 발견하고 있음을 뜻한다. 그는 우리를 내적 탐구의 도상에 있는 우주인이나 여행자로 보았다. 회복에 삶의 나머지 시간이 걸린다는 것은 이러한 의미에서이다. 우리가 상처, 남용, 태만으로 잃었던 것을 일단 회복할 때 거기 멈출 필요가 없다. 우리는 잃었는지도 몰랐던 자신의 일부를 계속 회복할 수 있다. 에이브러햄 매슬로(Abraham Maslow)는 기본적인 인간의 욕구는 더 나은 의식의 상태를 찾아 끊임없이 성장하고 변화하는 것이라고 했다. 회복이 영적인 여행이 되는 것은 이 같은 의미에서이다. 회복을 시도할 때는 시작점이 어디든지 간에 우리는 완전히 변신할 수밖에 없는 공간 속으로 떠오르는 것이다.

몸의 회복은 평생에 걸친 수행 과정이다. 거기에는 항상 새로운 발견이 있을 것이다. 몸은 아무데나 있는 것이 아니고 바로 지금 여기에 존재하기 때문이다. 지금 여기는 항상 변화하고 항상 흘러간다. 그것은 변화가 일어나는 유일한 공간이다. 우리는 몸을 다시 찾음으로써 가장 근본적인 변화, 성장, 탈바꿈의 메커니즘을 위해 특별히 만들어진 자신의 일부를 회복한다. 우리가 성장을 위한 신체적 구조를 지어낼 때까지 변화 과정은 살 집을 갖지 못한다. 감성적·인지적·영적 변화만으로는 쉴 만한 공간, 살 집을 찾지 못한다. 몸과 함께 시작함으로써 우리는 감성적·인지적·영적 성장의 집이 마련될 대저택을 소유하게 된다. 우리가 이 집 안에 있지 않으면 우리는 평생 중독과 싸워야 한다. 아무도 그 안에 살지 않을 때 [몸의] 회복을 위한 투쟁은 계속되어야 한다.

회복과 변화가 정착할 수 있는 몸이라는 공간을 마련하기 위해 다음 네 가지 강령을 만들어보았다.

4대 강령

1. 나의 느낌과 감각은 살아 있음의 표적이고, 살아 있음은 충만한 현존재를 향해 평생수행을 통해서 그 자체를 드러내는 정교한 신비를 의미한다.

2. 내가 느끼고 감지하는 모든 것은 나 자신의 일부이고 자신에 의해 만들어지기 때문에 창조성의 원천이다.

3. 나의 모든 부분은 사랑에 기초를 두고 있다. 충분히 느끼고 진실하게 표현된 나의 느낌은 내재적인 사랑의 행위이기 때문이다.

4. 나의 생명력과 사랑은 세상에서 그것들에 관한 내 자신의 표현 안에서 목적이 성취되고 완성된다.

이 4대 강령은 우리 안의 무빙 사이클을 자극하고 유지하기 위해 고안되었다. 우리는 이 움직임의 씨앗을 선택하고 자연적인 출현을 주시함으로써 날마다 집(몸)으로 돌아오는 과정에서 자신의 선택에 물을 줄 수 있다. 일단 우리가 무빙 사이클의 네 단계를 알고 목격하고 참여하기만 하면 우리의 궁극적 창조성을 깊이 탐구하는 수단으로 그 사이클을 사용하고 앞으로 나아갈 길을 의식적으로 선택할 수 있다.

우리는 각성과 함께 시작한다. 이 출발점이 고통이나 괴로움을 수반하더라도 또는 행복을 위한 절대요청으로 나타나더라도, 그 생생한 경험을 요람에 담으면 그 경험은 고백되고 다시 [제 것으로] 받아들여지기 위해 다음 단계를 원하고 있음을 알 수 있다. 우리가 그동안 밀어냈거나 여전히 깨닫지 못하는 자신의 일부를 회복할 때 거기서 전체성을 다시 찾는다. 이 전체성은 환영받고 사랑받고 확인되어야 한다. 그것은 살아 있음의 울타리 속으로 조건과 제한 없이 수용되어야 한다. 그리고 완성을 위해서는 가시화되어야 하고, 실천을 통해, 행위[단계]를 통해, 세상에 모습을 드러내야 한다. 이러한 식으로 생명의 움직임의 사이클에 관여하게 되면, 살아 있음이 이전에 가정했던 어떤 제한점들의 요구보다 훨씬 중요하게 부각된다.

내 삶에서 가장 중요한 일들은 무엇일까? 과자를 사가지고 가게에서 나오는 길목에서 무빙 사이클에 관여함으로써 나는 자신이 과거에 반복했던 어떤 습관보다 세상의 직접경험이 중요함을 느끼기 시작했다. 우리가 완성하지 않은 것들은 반복된다. 나는 먹을거리에 대한 그 낡은 느낌을 결코 청산하지 못했다. 즐거움이 두려움을 가져온다는 느낌을 완전히 정리하지 못했다. 나는 몸 안에 자양분이 공급될 때에도 완전한 만족을 느끼지 못했다. 만족감이나 완전한 경험보다 오히려 그 설탕 덩어리를 소중하게 여기기 시작했던 것이다. 나는 어떤 것이 끝날 때, 진실로 종료될 때 오는 그 죽음을 두려워했다. 우리의 삶이 미완성일 때 죽음은 두려움으로 다가오고 완성이 만드는 열린 창조공간이 두려워진다.

내가 경험한 적막하고 두려운 상태를 기억할 때 목의 양쪽 부위가 긴장되고 조여지는 느낌이 든다. 거기에 대고 '안녕' 하고 반기면 그것은 거기에 자리한다. 나는 호기심이 나서 그것에 더 잘 맞추어주기 위해 느낌을 더 강화해본다. 그 느낌을 떠나보내면 울어버릴 것만 같다. 그것이 내 눈물샘을 붙들고 있도록 허용한다. 그리고 이렇게 말한다. "그래, 네가 [눈물의] 둑을 무너뜨려 홍수가 나게 하려고 애쓰고 있다는 걸 잘 알아. 괜찮으니까 한번 해봐. 홍수가 분명하니? 보자, 한번 확인하자. 자, 우리 한번 최대한 깊이 숨을 쉬어보자." 내가 숨을 쉴 때 가슴이 약간 흔들리기 시작했다. 그러나 정작 일어난 것은 홍수는 아니었다. 나는 깨어서 그 감각과 표현에 대해 절대적 진실로 관여하고 있었다. 목에 그 느낌들이 넘어갈 때 눈물이 약간 나온다. 나는 목에게 미소를 보내고 눈물에도 미소를 보낸다. 눈물도 단지 집으로 돌아가고 싶은 내 몸의 일부임을 본다. 걱정이 물러간다. 나는 지금 가슴 위쪽이 욱신거리는 것을 느낀다. 그리고 이 심오하고 작은 5분간의 경험을 적어놓고 싶어진다. 보아라, 세상아. 나는 스스로를 볼 수 있고 만질 수 있고 감지할 수 있게 만들고 있다. 말이 내게서 나온다. 그 뒤에 공간이 있다. 다음에는 무슨 일이 일어날지 궁금하다.

나는 베트남 불교 스님이며 스승인 틱낫한과 공부하고 있다. 어느 날 그는 내게 종이 한 장을 보여주며 물었다. "이 종이를 보고 있느냐?" 하고 물었다.

나는 "네"라고 대답했다.

"그것을 깊이 들여다보아라. 여기서 이 종이 한 장을 만드는 나무를 자르는 사람을 보느냐?"

"네, 그가 없이 이 종이는 여기 있지 않을 겁니다."

"그가 나무를 자르는 날 그에게 점심을 만들어준 그의 아내도 보느냐?"

"네."

"그 통나무를 운반한 트럭을 보느냐? 트럭의 휘발유는? 휘발유가 되기 위해 수천 년 전에 죽은 나무는?"

"네."

"더 깊이 보아라. 이 종이 한 장에 포함되지 않은 것이 있느냐?"

"없습니다."

우리는 자신의 컨테이너 안에 존재하는 모든 소질, 모든 느낌, 모든 것을 보유하고 있다. 우리는 발생기적인 가능성을 가진 우주를 만든다. 물을 준 씨앗이 자라서 하나뿐인 개인이 만들어진다. 어떻게 이 씨앗들에 물을 줄까? 우리는 매일의 삶을 분명히 깨우는 각성과 함께 시작한다. 나는 애리조나 사막에서 시간을 보낼 때 이 깨어나는 능력이 회복되었음을 알았다. 닷새 동안 대지의 냄새와 꽃의 색깔, 노래하는 새들의 지저귐과 내 피부에 작렬하는 열기에 취해 있었다. 나는 황홀경 속에서 보낸 매일의 삶에서 느껴진 진동과 움직임이 내가 먹었던 어떤 외부 물질보다 그리고 내가 남몰래 마련했던 어떤 환각제보다 달콤했다. 나는 혼자만의 집으로 돌아왔다. 그렇게 함으로써 애커먼의 표현대로 "분출하는 온갖 생명력(all its gushing aliveness)" 안에서 세계를 다시 점화했다.

각성과 함께 우리는 고백의 씨앗에 물을 줄 수 있다. 우리가 [수동적] 자아 탐닉으로부터 자기 책임으로의 움직임을 만들 때, 스스로를 원하는 존재로 변화시킬 전능한 힘에 접근한다. 나는 세상과 함께 웅장한 춤을 추는 창조적인 관계 안에 있다. 우리 자신과 자신의 모든 것, 심지어 아직 나타나지 않은 것까지 진실되게 고백하는 데서 나오는 힘은 회복과 변화의 여행을 위한 연료를 형성한다.

사랑의 씨앗은 아마도 가능성을 가장 많이 잉태할 것이다. 그것은 우리가 경험하는 모두를 아름답게 만든다. 그것은 온통 숨 막히는 빛깔로 채색한 내면의 정원에 피어난 화초와도 같다. 궁극적으로 우리 자신과 다른 사람들 모두를 위해 스스로를 [몸의] 집으로 데려오는 일은 조건 없이 자신을 사랑하는 행위이다.

행위의 씨앗들은 물을 줄 때 우리 모두의 양식이 될 열매를 맺는다. 우리는 모두 서로가 생산해내는 행위로 산다. 삶은 우리가 움직이지 않으면 멈출 것이다. 사실 우리가 살아 있음을 정의하는 것은 움직임이요, 행위이다. 움직임의 행위는 세발자전거의 바퀴가 구르듯 짧은 주기이든지 우리의 전 생애에 걸치는 주기이든지 하나의 주기(cycle)를 완성시킨다.

맺음말

199

일어나 산책하자. 주변의 소리, 광경, 향기에 깨어 이리저리 걸어보자. 이제 움직이는 여러분의 몸, 체온, 발밑에 있는 흙의 압력, 그리고 폐로 들어가고 나가는 공기를 느껴보자. 회복은 이렇게 단순하고 근사하다. 계속 걸어라. 그리고 여러분이 어디쯤에 있는지 찾아보라.

Ackerman, D. 1990. *A natural history of the senses.* New York: Vintage Books.

Beattie, M. 1987. *Codependent no more.* San Francisco: Harper/Hazelden.

Black, C. 1981. *It will never happen to me.* New York: Ballentine Books.

Boadella, D. 1985. *Wilhelm Reich: The evolution of his work.* Boston: Arkana.

_____. 1987. *Lifestreams: An introduction to biosynthesis.* New York: Routledge and Kegan Paul.

_____. 1988. *Healing the shame that binds you.* Deerfield Beach, Fla.: Health Communications Publications.

_____. 1990. *Homecoming: Reclaiming and championing your inner child.* New York: Bantam Books.

Brown, M. 1990. *The healing touch: An introduction to organismic psychotherapy.* Mendocino, Calif.: LifeRhythm.

Cermark, T. L. 1986. *Diagnosing and treating codependence.* Minneapolis: Johnson Institute Books.

_____. 1988. *A time to heal: The road to recovery for adult children of alcoholics.* Los Angeles: Jeremy P. Tarcher.

Christine, B. 1972. *Thus speaks the body.* New York: Arno Press.

Duncan, D. J. 1992. *The brother K.* New York: Bantam Books.

Dychtwald, K. 1977. *Bodymind.* New York: Pantheon.

Freud, S. 1955. *The interpretation of dreams.* New York: Basic Books.

Gendlim, E. T. 1978. *Focusing.* New York: Everest House.

Grof, S. 1985. *Beyond the brain: Birth, death, and transcendence in psychotherapy.* Albany, N.Y.: SUNY Press.

Hanna, T. 1987. *The body of life.* New York: Alfred A. Knopf.

Hendricks, G., and K. Hendricks. 1990. *Conscious loving: The journey to co-commitment.* New York: Bantam Books.

_____. 1991. *Radiance: Breathwork, movement, and body-centered psychotherapy.* Berkeley, Calif.: Wingbow.

_____. 1993. *At the speed of life: A new approach to personal change through body-centered theraphy.* New York: Bantam Books.

Jacobson, E. 1967. *Biology of emotions*. Springfield, Ill.: C. C. Thomas.

Janov, A. 1983. *Imprints: The lifelong effects of the birth experience*. New York: Coward-McCann.

Jellinek, E. M. 1981. *Alcohol addiction and the chronic alcoholic*. Manchester, N.H.: Ayer.

Johnson, D. 1983. *Body*. Boston: Beacon Press.

Kalat, J. W. 1988. *Biological psychology*. Belmont, Calif.: Wadsworth.

Keen, S. 1983. *The passionate life*. New York: Harper and Row.

Keleman, S. 1975. *Your body speaks its mind*. New York: Simon and Schuster.

_____. 1985. *Emotional anatomy: The structure of experience*. Berkeley, Calif.: Center Press.

Kurtz, R. 1990. *Body-centered psychotherapy: The Hakomi method*. Mendocino, Calif.: LifeRhythm.

Kurtz, R., and H. Prestera. 1976. *The body reveals*. New York: Harper and Row.

Larsen, E. 1985. *Stage II recovery: Life beyond addiction*. San Francisco: Harper-SanFrancisco.

_____. 1987. *Stage II relationships: Love beyond addiction*. San Fransisco: Harper-SanFrancisco.

Lerner, H. G. 1993. *The Dance of deception: pretending and truth-telling in women's lives*. New York: HarperCollins.

Levy, F. 1988. *Dance/movement therapy: A healing art*. Reston, Va.: The American Alliance for Health, Physical Education, Recreation, and Dance.

Lowen, A. 1965. *Love and orgasm*. New York: Signet Books.

_____. 1970. *Pleasure: A creative approach to life*. New York: Penguin Books.

Miller, A. 1981. *The drama of the gifted child*. New York: Basic Books.

_____. 1986. *Thou shalt not be aware*. New York: Meridian Books.

Mindell, A. 1982. *Dreambody: The body's role in revealing the self*. Boston: Sigo Press.

Murphy, M. 1992. *The future of the body*. Los Angeles: Jeremy P. Tarcher.

North, M. 1975. *Personality assessment through movement*. Boston: Plays, Inc.

Perls, F. 1969. *Gestalt therapy verbatim*. New York: Bantam Books.

Pesso, A. 1973. *Experience in action: A psychomotor psychology*. New York: SUNY Press.

_____. 1969. *Movement in psychotherapy*. New York: New York University Press.

Pierrakos, J. C. 1987. *Core energetics*. Mendocino, Calif.: Life-Rhythm.

Reich, W. 1949. *Character analysis*. New York: Orgone Institute Press.

_____. 1986. *The function of the orgasm*. New York: Farrar, Straus and Giroux.

Rosenberg, J., M. Rand, and D. Asay. 1985. *Body, self, and soul: Sustaining integration*. Atlanta: Humanics.

Saleebey, D. 1985. *A social psychological perspective on addiction: Themes and disharmonies*. Journal of Drug Issues (winter): 17-28.

Schneirla, T. C. 1959. "An evolutionary and developmental theory of biphasic processes underlying approach and withdrawal." In M. R. Jones(ed.). *Nebraska symposium on motivation*. Lincoln: University of Nebraska Press.

Smith, E. 1985. *The body in psychotherapy*. Jefferson, N.C.: McFarland and Company.

Wegscheider, S. 1981. *Another chance: Hope and health for the alcoholic family*. Palo Alto, Calif.: Science and Behavior Books.

Wegscheider-Cruse, S. 1985. *Understanding me*. Deerfield Beach, Fla.: Health Communications.

Wikler, A. 1953. *Opiate addiction*. Springfield, Ill: Charles C. Thomas.

_____. 1973. "Dynamics of drug dependence: Implications of a conditioning theory of research and treatment." *Archives of General Psychiatry* 28, pp.611~616.

Wilson-Schaef, A. 1985. *Codependence: Misunderstood-mistreated*. San Francisco: Harper and Row.

_____. 1988. *When society becomes an addict*. San Francisco: Harper and Row.

Wise, R. A., and M. A. Bozarth. 1987. "A psychomotor stimulant theory of addiction." *Psychological review* 94 (4), pp.469~492.

Woodman, M. 1982. *Addiction to perfection: The still unravished bride*. Toronto: Inner City Books.

The Focusing Institute_ Eugene Gendlin, Director. University of Chicago, 5548 University Ave., Chicago, IL 60637.

▶ http://www.focusing.org

The Hakomi Institute_ Ron Kurtz, Director. P.O. Box 1873, Boulder, CO 80306. http://www.hakomiinstitute.com

Hakomi Integrated Somatics_ Pat Ogden, Directior. P.O. Box 19438, Boulder, CO 80308.

▶ http://www.hakomisomatics.com

The Hendricks Institute_ Kathlyn Hendricks, Director. 120 North Tejon #203, Colorado Springs, CO 80903.

▶ http://www.hendricks.com

The Moving Center_ Christine Caldwell, Director. P.O. Box 19892, Boulder, CO 80308.

▶ http://www.themovingcycle.com

Rosenberg—Rand Institute of Integrated Body Psychotherapy(IBP)_ Marjorie Rand, Director. 1551 Ocean Ave., Suite 230, Santa Monica, CA 90401.

▶ http://www.ibponline.com

지은이 크리스틴 콜드웰

콜드웰 교수는 미국 콜로라도 주 볼더에 위치한 나로파대학에 몸 상담심리학과를 만든 몸심리학(Somatic Psychology) 분야의 개척자이다. 30년이 넘는 무용치료, 몸심리치료, 움직임 교육 분야의 임상경험을 바탕으로 무빙 사이클이라는 몸-동작 중심 상담체계를 개발했으며, 중독회복, 놀이행동, 태아 심리학 분야의 전문가이다. 나로파대학 외에도 미국 테라피 분야의 주요 대학과 독일, 한국 등에서 몸 중심 심리요법의 기술과 이론, 신경과학, 키네시올로지(kinesiology), 무용치료 등을 가르쳤다. 현재 무빙 사이클 연구소를 운영하고 있다. 대표 저서로 이 책 외에도 미국의 각종 몸 중심 심리요법들을 소개한 *Getting in Touch* 등이 있다.

옮긴이 김정명

김정명 교수는 명지대학교 예술체육대학에서 체육철학, 몸학(몸심리학), 단전호흡 등을 가르치며 한국몸학연구센터를 운영하고 있다. 서울대학교 체육교육과를 나와 미국 오하이오 주립대학에서 몸철학 분야의 박사학위를 받았다. 한동안 청소년 분야에 종사하면서 몸학에 바탕을 둔 놀이와 활동 중심 청소년 프로그램의 필요성을 강조했고 인터넷 언론 이슈투데이 등에 '몸 이야기'를 연재하며 우리 사회가 안고 있는 몸에 대한 편견과 왜곡을 고발하기도 했다. 저서로는 『예술지성: 소마의 논리』, 『미국: 명백한 운명인가 독선과 착각인가』(공저), 『부자유친 로드맵』(공저), 『체육철학 연습』, 『청소년 활동론』, 『아름다움의 세계』(공저) 등이 있고, 역서로는 『부드러운 움직임의 길을 찾아: 토마스 하나의 생명의 몸』, 『여가학의 초대』(공역) 등이 있다.

몸으로 떠나는 여행

중독치유와 새 삶을 위한 몸 중심 심리요법

지은이 크리스틴 콜드웰
옮긴이 김정명
펴낸이 김종수
펴낸곳 한울엠플러스(주)

초판 1쇄 인쇄 2007년 9월 21일
초판 3쇄 발행 2016년 2월 1일

주소 10881 경기도 파주시 광인사길 153 한울시소빌딩 3층
전화 031-955-0655
팩스 031-955-0656
홈페이지 www.hanulmplus.kr
등록번호 제406-2015-000143호

Printed in Korea.
ISBN 978-89-460-6115-6 03180

※ 책값은 겉표지에 표시되어 있습니다.